Bordesholmer Edition

Band 32   1. Auflage 2017

Zum Autor
Hartmut Wiedling geb. 1940
Mathematiker, Physiker und Volkswirt,
ansonsten Dilettant[1].

---

[1] Ein Dilettant (italienisch *dilettare* aus lateinisch *delectare* „sich erfreuen", „ergötzen") ist ein Liebhaber einer Kunst oder Wissenschaft, der sich ohne schulmäßige Ausbildung und nicht berufsmäßig damit beschäftigt. Als Amateur oder Laie übt er eine Sache um ihrer selbst willen aus, also aus Interesse, Vergnügen oder Leidenschaft.

Hartmut Wiedling

Vanitas
– es ist alles eitel[2] –

Oder: Wir sind alle nur Käfer

---

[2] Vanitas (*lat.* „leerer Schein, Nichtigkeit, Eitelkeit"; auch „Lüge, Prahlerei, Misserfolg oder Vergeblichkeit") ist ein Wort für die jüdisch-christliche Vorstellung von der Vergänglichkeit alles Irdischen, die im Buch Kohelet (Prediger Salomo) im Alten Testament ausgesprochen wird (Koh 1,2 LUT): „Es ist alles eitel." Diese Übersetzung Martin Luthers verwendet „eitel" im ursprünglichen Sinne von „nichtig". Quelle: Wikipedia

Inhalt

Vorwort

Immer wieder habe ich die Erfahrung gemacht, dass ich mit meinen schlichten Ideen und Gedanken Reaktionen hervorgerufen habe, wie wenn ich in ein Wespennest steche. Ich wollte einige davon, die mir wichtig erschienen, einmal in einem Band zusammenfassen. Leicht verständlich und in einfacher Sprache. Ohne Anspruch auf wissenschaftliche Strenge.

Eines der wichtigsten Elemente dieser Betrachtungen ist die Erfahrung, dass immer dann, wenn ich versuche, Dingen wirklich auf den Grund zu gehen, es ins Uferlose führt. Die „letzten Dinge" bleiben immer unergründlich. Davon zeugen die Abschnitte des ersten Kapitels, das „Philosophie und Wissenschaft" überschrieben ist.

Diese Betrachtungen waren auch ausschlaggebend für den Titel des Bändchens: „Vanitas".

In den beiden weiteren Kapiteln folgen gesellschaftskritische Betrachtungen zur Gegenwartssituation. Eigentlich sehr einfache und, wie ich meine, naheliegende Gedanken. Und dennoch rufen sie immer wieder heftige Gegenwehr hervor, vermutlich, weil sie dem gewohnten Gedankengut des „Mainstreams" nicht entsprechen.

Kindliche Fragen

Mehr als mit Heinz Nußbaum, dem Bäckerssohn, war ich als heranwachsender Knabe mit Dieter Sommerfeld, Spitzname „Somms", verbunden. Er war fast drei Jahre älter als ich, evangelisch erzogen, ging zum Konfirmandenunterricht, wurde konfirmiert.

Viel früher als ich wusste er schon einiges über Mädchen, kannte sich in der Bibel aus, hatte bereits Diskussionen mit dem Pastor gehabt, kurzum er war schon in vielen Themen zu Hause, die ich erst allmählich ahnte und die mich daher besonders interessierten.

Konservativ–evangelisch erzogen, hatten sich für ihn viele Fragen gar nicht erst gestellt, da sie durch Religion und Erziehung beantwortet wurden und sein gesellschaftliches Umfeld es ihm abgenommen hatte, sie selbst für sich zu lösen. Fragen, nach deren Antworten ich selbst suchen musste, denn ich hatte durch die Erziehung meiner Eltern, in erster Linie meines Vaters, früh gelernt, dass es keine fertigen „gottgegebenen" Lösungen für die Probleme des Lebens gibt und dass ich selbst über die Antworten nachdenken, mich entscheiden und meinen Weg durch das Leben selbst finden musste.

Wenn ich dann aber glaubte, zu einer Frage eine eigene Lösung gefunden zu haben, wollte ich damit nicht allein bleiben. Ich wollte meine Antworten mit den Meinungen anderer vergleichen, sie absichern, im Gespräch ihre Tragfähigkeit testen. Aber mit wem? Zwar hätte ich mit den Eltern über alles reden können, aber das wollte ich nicht. Dieter Sommerfeld war der ideale geistige Komplize. Seltsam, trotz des Altersunterschiedes trafen wir uns oft, streiften durch den Schlosspark, kletterten auf Bäume oder Barackendächer, setzten uns und hatten immer Gesprächsthemen.

Was ist uns nicht alles durch den Kopf gegangen! Erstaunlich, wie weit und endgültig wir damals in unserer noch schlichten Gedankenwelt schon gekommen sind, wie tief sich alles eingegraben hat und welch langen Bestand die damalige Entwicklung gehabt hat!

Vieles ließ sich für uns nicht lösen. Aber es auszusprechen allein schon erhöhte das Lebensgefühl und ließ unser Selbstbewusstsein wachsen: Was ist das Leben eigentlich? Wo kommt unsere Seele (oder wie man es nennen möchte) her? Was wird nach dem Tode sein (ich: ewiger Schlaf, er: irgendwie wohl bei Gott)? Wir wussten, dass Raum und

Zeit nicht endlich sein konnten, konnten uns den unendlichen Raum aber auch nicht vorstellen. Alles unlösbare Fragen.

Vieles stellten wir in Zweifel – und lehnten es anschließend ab:

Müssen wir unseren Eltern eigentlich dankbar sein? Eigentlich nicht. Oder haben sie uns etwa uns zuliebe in die Welt gesetzt? Sicher nicht. War es daher nicht ihre Pflicht, uns auch großzuziehen mit allen damit verbundenen Mühen? Warum dann Muttertag? Dankbar sollten wir nur dafür sein, dass die Eltern viel mehr für uns taten, als sie zu tun verpflichtet waren – und wir waren uns einig, dass wir beide das Glück hatten, in dieser schönen Situation zu leben.

Bin ich eigentlich froh, dass ich lebe? Ist es überhaupt schön, zu leben? Was ist schön daran? Morgens aufstehen? Nein! – Zur Schule gehen? Nein! – Mittagessen? Von Ausnahmen abgesehen: Nein! – Schularbeiten machen? Nein! – Im Haushalt helfen? Nein! – Abends ins Bett gehen? Nein! – Schlafen? Nein! —— Da blieben nur wenige wirklich lebenswerte Stunden: Fußballspielen, Murmelspielen, Kuchenessen, Durst haben und dann trinken, Kartenspielen, schwimmen, auf dem Rad am Rhein entlang fahren, in den Ferien verreisen, ach, es gab schon einiges. Aber wog es die große Überzahl von nicht lohnenden Stunden wirklich auf?

Und was war eigentlich das Lohnende am Fußballspielen, Kuchenessen oder in die Ferien fahren? – Nirgends eine befriedigende Antwort: genau gesehen war ja Fußballspielen unsinnig, ebenso wie Radfahren. Und Kuchenessen? Na ja, irgendetwas war da doch schon toll. Aber was? Die Vorfreude? Das In–den–Mund–Stecken? Das Kauen? Das Schlucken? Das Geschluckt–haben? – Für sich allein genommen alles nicht so ganz toll – und dennoch, es war schön. Nur: Bei genauerem Zusehen, sozusagen unter dem Mikroskop, blieb selbst bei den schönsten Momenten nichts übrig, das sich eigentlich lohnte.

Einen Freund haben. – Oder gar eine Freundin? Das wäre was! – Und warum? Was wäre dann anders?

Eines ist vielleicht noch schöner: eine gute Tat oder eine große Leistung. Aber beim Hinsehen löst sich auch das wieder in nichts auf: Wozu eine gute Tat? Was habe ich davon? Soll ich überhaupt „gut" sein? Was ist schlecht daran, der Mutter Geld aus dem Portemonnaie zu stehlen und dafür ein Eis zu kaufen? Solange es keiner merkt, sollte ich das eigentlich öfter tun! –

Übrigens: Ich tat es. Genau so. Keiner merkte es. Und das Eis schmeckte hervorragend. Irgendwie war ich sogar stolz auf meine Idee und meinen Mut. –

Und überhaupt: Wäre es nicht viel klüger, alle Menschen, wo immer es zum eigenen Vorteil möglich ist, zu belügen, zu betrügen, zu bestehlen, notfalls am Ende vielleicht tot zu schlagen, wenn sich sicherstellen ließe, dass es nicht herauskommt? Warum wird uns beigebracht, ehrlich und gut zu sein? Dieter Sommerfeld hatte eine Antwort. Ich weiß es noch wie heute. Wir saßen auf dem Dach einer kleinen Hütte neben dem Schulhof. Er antwortete etwa so:

„Gott möchte es so. Er hat uns die 10 Gebote gegeben und viele andere Verpflichtungen. Das steht alles in der Bibel, zum Beispiel in der Bergpredigt (die ich nicht kannte). Da steht das alles drin. Und später werden wir belohnt, wenn wir uns daran gehalten haben." –

Das war für mich keine Antwort.

„Gibt es denn diesen Gott überhaupt, der allmächtig ist, alles bestimmt, das geschieht, uns liebt und leitet?" –

So etwa war meine Frage, und der gute Somms meinte:

„Ja sicher, es steht so in der Bibel."

„Bist Du sicher, dass es auch wirklich so ist?"

„So habe ich es gelernt und so glaube ich es."

13

„Ich kann mir das alles nicht vorstellen."

„Warum nicht? Alle glauben es, die ich kenne."

„Wenn der liebe Gott mein Leben bestimmt und alles entscheidet, was mit mir geschieht und mich wirklich liebt, so müsste er mir doch zeigen, dass er da ist. Er müsste mir den Glauben an ihn geben. Oder wenigstens mir helfen, ihn zu finden, wenn er wirklich ein guter lieber Gott ist!"

Keine Antwort.

„Er könnte jetzt eine Glocke ertönen lassen zum Zeichen, dass es ihn gibt. Dann würde ich an ihn glauben. Großes Ehrenwort."

„Dann bitte ihn doch darum."

Ich tat es. Laut und vernehmlich. Wir taten es zusammen:

„Lieber Gott, wir wollen an Dich glauben und Deine Gebote befolgen, wenn es Dich gibt. Bitte gib uns ein Zeichen, dass Du uns hörst, damit wir an Dich glauben können. Lass eine Glocke erklingen!"

Warten. Nichts geschah.

„Das ist vielleicht zu viel verlangt. Der Pastor sagt, man solle Gott nicht versuchen. Ich glaube, er meint, man darf nicht unbescheiden viel erwarten oder erbitten. Der Glockenton wäre ja schon eher ein Wunder. Das kannst Du nicht erwarten."

Pause.

Ich habe eine Idee.

„Siehst Du die Amsel da auf dem Dach?"

„Ja."

„Es müsste kein Wunder geschehen, um sie in der nächsten Minute einmal dort drüben auf den großen unteren Ast der alten Kastanie fliegen zu lassen und kurz singen zu lassen, um mir ein Zeichen zu geben. Das wäre ganz natürlich, und für Gott keine Mühe, da er sowieso alles bestimmen muss, was geschieht – egal, ob er sie nun auf dem Dach sitzen oder auf die Kastanie fliegen lässt. Wenn er uns dieses kleine Zeichen gäbe, dann würde ich an ihn glauben."

Wir schauten auf die Armbanduhr und beobachteten den Vogel. Nichts geschah. Er blieb wo er war.

„Vielleicht solltest Du richtig darum beten, damit Gott es auch hört."

Ich tat es. Der Vogel blieb.

„Vielleicht ist es besser, wenn Du es tust", sagte ich, „Du bist gläubig, getauft und konfirmiert."

Keine Wirkung. Wir wiederholten es mehrfach gemeinsam. Da endlich flog die Amsel los. Weit weg. Nicht auf die Kastanie. Ich glaube, wir waren beide traurig.

Mein Gefühl der Leere war wieder ein wenig mächtiger geworden.

Philosophie und Wissenschaft

Aufklärung (Kant)

Zwei Zitate*:

„*Aufklärung* ist der Ausgang des Menschen aus seiner selbstverschuldeten Unmündigkeit.

Unmündigkeit ist das Unvermögen, sich seines Verstandes ohne Leitung eines anderen zu bedienen.

Selbstverschuldet ist diese Unmündigkeit, wenn die Ursache derselben nicht am Mangel des Verstandes, sondern der Entschließung und des Mutes liegt, sich seiner ohne Leitung eines anderen zu bedienen. *Sapere aude!* „Habe Mut, dich deines eigenen Verstandes zu bedienen!" ist also der Wahlspruch der Aufklärung."

...

„Dass der bei weitem größte Teil der Menschen (darunter das ganze schöne Geschlecht[3]) den Schritt zur Mündigkeit, außer dem dass er beschwerlich ist, auch für sehr gefährlich halte: dafür sorgen schon jene Vormünder, die die Oberaufsicht über sie gütigst auf sich genommen haben."

*) Beide Zitate von Immanuel Kant, zitiert nach Wikipedia.

---

[3] Die Meinung zitierter Autoren spiegelt nicht in allen Fällen die Überzeugung des Autors wider. Manchmal aber doch.

Decartes: Cogito – ergo sum

Mit meinen Mitschülern setzte ich mich über ihre und meine Vorstellungen von Gott, von Religiosität, Naturwissenschaft, Lebenszielen, Glück, Moral auseinander. Aber alles ist uns zwischen den Fingern zerflossen. Für nichts fanden wir eine schlüssige eindeutige Antwort. – Dennoch, es bildete sich schon damals das rationale Fundament, das mein Leben lang Bestand hatte – und zugleich die seelische Leere.

In Französisch war ich nicht besonders gut. Knapp „Vierminus". Als ich ein Referatsthema wählen sollte, entschied ich mich für den berühmten „Discours de la Méthode" von René Descartes, denn ich besaß eine zweisprachige, französisch–deutsche Ausgabe. Aber die einfache, klare Sprache von Descartes war – in wohltuendem Gegensatz zu Kant, Hegel, Husserl oder gar Heidegger – auch im Original gut zu lesen.

Mich hat die Descartes'sche Zweifelstheorie damals sehr beeindruckt, und bis heute wüsste ich ihr nichts entgegenzusetzen – außer, dass ihre Konsequenz im Solipsismus endet und somit praktisch ziemlich wertlos ist.

Kurz zusammengefasst:

Ich kann an allem zweifeln: Ob der Baum, den ich sehe, wirklich vorhanden ist oder ob es mir lediglich meine Sinneseindrücke vortäuschen oder ich einer Einbildung meines Gehirns zum Opfer falle. Nicht nur das Sehen, sondern alle meine Sinne, die mir eine Wahrnehmung signalisieren, unterliegen der gleichen Zweifelhaftigkeit: Ob der Jauchewagen wirklich so schrecklich nach Gülle riecht, ob die Trauben wirklich süß sind, ob ich nur Musik zu hören glaube oder ob sie wirklich ist, ob die Temperatur wirklich niedrig ist oder ob ich es mir nur einbilde – man denke einmal an die heute beliebte Wetterangabe „Temperatur 7 Grad, gefühlt 2 Grad". Kurzum, alles, was ich mit meinen Sinnen wahrnehme, könnte ebenso gut eine Sinnestäuschung oder Einbildung meines Geistes sein, wie wir es beim Traum erleben.

Nur an einem scheint es unmöglich zu sein, zu zweifeln: An der Tatsache(?), dass ich selbst existiere.

Ich denke (zweifle), also existiere ich: Das berühmte „Cogito ergo sum"[4].

---

[4] Descartes fasst 1644 seine Erkenntnis in den *Prinzipien der Philosophie* mit der lateinischen Formulierung „ego cogito, ergo sum" zusammen. Die Textstelle in deutscher Übersetzung:
„Indem wir so alles nur irgend Zweifelhafte zurückweisen und für falsch gelten lassen, können wir leicht annehmen, dass es keinen Gott, keinen Himmel, keinen Körper gibt; dass wir selbst weder Hände noch Füße, überhaupt keinen Körper haben; aber wir können nicht annehmen, dass wir, die wir solches denken, nichts sind; denn es ist ein Widerspruch, dass das, was denkt, in dem

Der Haken an der Sache ist, dass damit gesicherte philosophische Erkenntnis über diese eine Aussage hinaus nicht möglich ist. Denn alles was in Zweifel gezogen werden kann – also alles außer meiner Existenz – ist nicht erwiesen sondern eben „zweifelhaft".

Eine noch strengere Konsequenz könnte sein, dass der Philosoph folgerichtig nichts außer seiner eigenen Existenz anerkennt und daran glaubt, dass in Wahrheit nur er selbst und seine Einbildungskraft existieren. Diese These heißt Solipsismus (*solus* lateinisch allein, *ipse* lateinisch selbst). Im Grunde ist sie nicht zu widerlegen.

Descartes ist mit seiner Überzeugung, dass keine (weitere) gesicherte Erkenntnis möglich ist, in guter Gesellschaft: Bereits Sokrates brachte angeblich[5]

Zeitpunkt, wo es denkt, nicht bestehe. Deshalb ist die Erkenntnis: »Ich denke, also bin ich,« (lat.: *ego cogito, ergo sum*) von allen die erste und gewisseste, welche bei einem ordnungsmäßigen Philosophieren hervortritt."

[5] „Ich weiß, dass ich nichts weiß" ist seit der Antike ein geflügeltes Wort. Es ist in dieser Form erstmals bei Cicero (106–43 v. Chr.) bezeugt, der in seinem literarischen Dialog *Academica* oder *Academici libri quattuor* den Gesprächspartner Marcus Terentius Varro feststellen lässt, es handle sich um eine bekannte Aussage des griechischen Philosophen Sokrates. Dies sei den Schriften der Sokratiker, der Schüler des Sokrates, zu entnehmen. Cicero bezieht sich dabei in erster Linie auf Platons *Apologie*, eine literarische Version der Vertei-

diese Zweifel in seinem wohl berühmtesten Satz zum Ausdruck: „Ich weiß, dass ich nichts weiß". Und was anderes meint Goethe damit, wenn er Faust in seinem berühmten Monolog sagen lässt „Habe nun – ach! – Philosophie, Juristerei und Medizin, und leider auch Theologie durchaus studiert, mit heißem Bemühn. – Da steh ich nun, ich armer Tor! Und bin so klug als wie zuvor ... ."

Descartes' klare grundlegende erkenntnistheoretische Zweifelstheorie bis hin zum Solipsismus beeindruckte mich. Allerdings war ich enttäuscht, als ich merkte, dass Descartes keinen Ausweg aus seinem erkenntnistheoretischen Nihilismus gefunden hatte.

---

digungsrede, die Sokrates als Angeklagter im Jahr 399 v. Chr. vor dem athenischen Volksgericht hielt.
In Platons *Apologie* thematisiert Sokrates an fünf Stellen ausdrücklich sein Nichtwissen oder seinen Mangel an Weisheit. Er behauptet aber nicht, wie Ciceros ungenaue lateinische Wiedergabe[1] seiner Auffassung annehmen lässt, dass die Kenntnis seiner eigenen Unwissenheit ein echtes, gesichertes Wissen sei und damit die einzige Ausnahme von der Unwissenheit darstelle. Vielmehr besagen die Äußerungen des Sokrates nach Platons griechischem Text nur, dass er sich des Umstands bewusst sei, dass ihm Weisheit oder ein wirkliches, über jeden Zweifel erhabenes Wissen fehle. Zudem geht es dem platonischen Sokrates nicht um das technische Fachwissen, sondern um Bestimmungen im Bereich der Tugenden und die Frage nach dem Guten.[2] Was ist Besonnenheit? Was ist Tapferkeit? Was ist Frömmigkeit? Was ist Gerechtigkeit? Die wahre menschliche Weisheit ist es, sich des Nichtwissens im Wissenmüssen des Guten bewusst zu sein. Wie der historische Sokrates sein Nichtwissen und die prinzipielle Möglichkeit oder Unmöglichkeit menschlichen Wissensbesitzes beurteilt hat, ist in der altertumswissenschaftlichen Forschung umstritten. Quelle: Wikipedia

Die Erkenntnis, dass man grundsätzlich an allem zweifeln könne, da alles ja auch wie im Traum nur vorgestellt sein könne, außer der Tatsache, dass man zweifle, war in meinen Augen eine gedankliche Spitzfindigkeit. Sie blieb ohne Einfluss auf meine optimistische Vorstellung von der Wissenschaft, insbesondere der Naturwissenschaft.

Auch hierin folgte ich Descartes, der auch selbst nach dieser niederschmetternden Erkenntnis in seinem „Discours de la Méthode" einfach zur Tagesordnung übergeht und fast so tut, als schlage er seine vorangehenden Enthüllungen in den Wind.

Die innere Verarbeitung und endgültige Desillusionierung meiner Wissenschaftsgläubigkeit erfolgte erst Jahre später unter dem Einfluss meiner Studien der wissenschaftstheoretischen Grundlagen von Mathematik, Logik und Naturwissenschaft, die ich zur Vorbereitung des „Philosophikums" unternahm. Auch diese völlig anderen Herangehensweisen führen zu ähnlich ernüchternden Ergebnissen, wie die nächste Betrachtung zeigen mag.

Mathematik und Glaube

Oder: „Was kein Verstand der Verständigen sieht, das übet in Einfalt ein kindlich Gemüt." [6]

Ich las mit Begeisterung wissenschaftskritische Texte von Fraenkel, Carnap, Stegmüller und den Philosophen der Wiener Schule.

Wie kam das? Meine Wissenschaftsgläubigkeit hatte sich mit zunehmender Beschäftigung mit der Mathematik in ihr Gegenteil verkehrt.

Zu Beginn meines Studiums hat mich die Systematik der reinen Mathematik fasziniert. Das axiomatische Fundament und der streng logische Aufbau waren für mich der Inbegriff exakter Wissenschaft. Später hörte ich Vorlesungen über Algebra, einem Grundlagenfach der reinen axiomatischen Mathematik. Nach meiner anfänglichen Begeisterung für die vollendete Darstellung der Algebra durch den brillanten Professor Bachmann begann mich das abstrakte System zu langweilen. Ich fragte mich, wozu ich mich mit so abstrusen Hirngespinsten überhaupt beschäftigen sollte. Interessanter, wenngleich nicht weniger abstrakt, war die Beschäftigung mit der Mengenlehre. Vor allem die so genannten Antino-

---

[6] F. Schiller: Worte des Glaubens

mien[7] der Mengenlehre hatten mich wieder zurück zu Grundsatzfragen der Erkenntnistheorie geführt. Descartes war zwar nach wie vor für mich gültig, aber der Solipsismus bot ja leider keine Basis für weitere wissenschaftliche Erkenntnis. Wie aber konnte wissenschaftlich gesicherte Erkenntnis überhaupt gewonnen werden?

Bei der Beschäftigung mit derlei Fragen fiel mir das Buch „Metaphysik, Wissenschaft und Skepsis" von Wolfgang Stegmüller in die Hand. Dieses Buch habe ich geradezu verschlungen. Ich schlug es meinem Studienfreund Hans–Dieter als Lektüre vor. Er aber zog es vor, sich von mir berichten zu lassen.

Die Lektüre, vertieft durch abendliche Diskussionen mit Hans–Dieter, half mir, meine Gedanken zu ordnen, und bestätigte meine Zweifel:

Absolut gesicherte Erkenntnis über das berühmte „Cogito ergo sum" hinaus schien mir unmöglich. Aber ich legte deshalb nicht die Hände in den Schoß. In Anbetracht der in allen Gebieten so er-

---

[7] unlösbare Widersprüche, zu denen beispielsweise die Frage führt: ‚Enthält die *Menge aller Mengen* sich selbst als Element?'. Die Antwort kann weder ja noch nein lauten. Die *Menge aller Mengen* birgt folglich in sich einen Widerspruch.
Kant sieht – weniger gut begründbar – unter anderem in Kausalität und Freiheit eine Antinomie. Genauer genommen bildet das Begriffspaar jedoch keine Antinomie. Es sind lediglich zwei unvereinbare Denksysteme. Der Widerspruch entsteht erst, wenn man beide Prinzipien wie gültige Axiome akzeptiert. Dann freilich lässt sich daraus alles beweisen – wie in jedem nicht widerspruchsfreien Axiomensystem.

folgreichen modernen Wissenschaft legte ich Descartes beiseite und fragte mich nach ihren Methoden.

Wissenschaftliche Erkenntnis war für mich nur gesichert, wenn sie bewiesen war. Wie aber läuft ein Beweis ab?

Ein Satz ist erst dann bewiesen, wenn er sich zweifelsfrei, also mittels logischer Schlüsse, auf bereits gesicherte, also bereits bewiesene Erkenntnisse zurückführen lässt oder, was dasselbe bedeutet, aus diesen abgeleitet werden kann. Wo aber kamen diese zugrunde liegenden, bereits bewiesenen Erkenntnisse her? Natürlich mussten sie ebenfalls zweifelsfrei bewiesen sein. Also zurückführbar auf bereits Bewiesenes. Wo war da der Anfang? In dieser Kette konnte es keinen Anfang geben, es sei denn einen unbewiesenen.

In der Mathematik werden solche unbewiesene Basisannahmen Axiome genannt.

Im Wesentlichen fußt die „wissenschaftlich-axiomatische Methode", also die Objektivität einer darauf aufgebauten „exakten" Wissenschaft wie der Mathematik[8], auf drei nicht sicheren Säulen: Axiomen, Beweisen und Definitionen.

---

[8] Diese Formulierung wies ein angesprochener Mathematikprofessor (dem Sinne nach) empört zurück: Wir betreiben doch keine Glaubenswisssenschaft! Wir Mathematiker sind uns des beschriebenen Verfahrens völlig bewusst.

1. Axiome.

Das sind unbewiesene Annahmen, auf die ein ganzes wissenschaftliches System aufgebaut wird.

Sie sind nötig, da jede neue Erkenntnis stets mittels logischer Schlüsse auf zweifelsfrei Richtigem, also bereits Bewiesenem, aufgebaut werden muss. Also muss eine „erste" zweifelsfrei richtige Erkenntnis als Basis dienen. Diese erste Erkenntnis kann aber nicht bewiesen sein, sonst wäre es nicht die erste, sondern bereits eine abgeleitete Erkenntnis. Die Beweiskette reißt also grundsätzlich nie ab, oder, besser, ihr Anfang, also ihre Basis, ist unbewiesen. Die unbewiesenen Anfangssätze nennt man Axiome des betreffenden Systems[9].

Aber unsere Axiome sind keine Glaubenssätze. Es sind mehr oder weniger willkürliche Annahmen (die in der Tat weder bewiesen sind noch bewiesen werden können noch überhaupt bewiesen werden sollen). Und folglich sind die auf ihnen aufbauenden Resultate unserer Wissenschaft abstrakte Konstruktionen ohne Anspruch auf objektive Gültigkeit.
- Doch immerhin, die Ergebnisse können sich sehen lassen und sind eine unverzichtbare, außerordentlich zuverlässige Grundlage der gesamten Wissenschaft und Technik.

[9] Beispiel 1: Fünf der grundlegenden Axiome der Geometrie von David Hilbert, zitiert nach Wikipedia:

1. Zwei voneinander verschiedene Punkte bestimmen stets eine Gerade.

2. Irgend zwei voneinander verschiedene Punkte einer Geraden bestimmen diese Gerade.

3. Auf einer Geraden gibt es stets wenigstens zwei Punkte, in einer Ebene gibt es stets wenigstens drei nicht auf einer Geraden gelegene Punkte.

4. Drei nicht auf ein und derselben Geraden liegende Punkte bestimmen stets eine Ebene.

5. Irgend drei Punkte einer Ebene, die nicht auf ein und derselben Geraden liegen, bestimmen diese Ebene.

6. Wenn zwei Punkte einer Geraden in einer Ebene liegen, so liegt jeder Punkt der Geraden in dieser Ebene.

Immerhin: In den „exakten Naturwissenschaften" werden die Axiome wenigstens benannt und zu Beginn aufgezählt. Wird nicht so verfahren, so verschlechtert sich die Wissenschaftlichkeit noch zusätzlich.

2. Beweise.

Sie verwenden außer den unbewiesenen Axiomen die Gesetze der Logik. Diese sind ebenfalls nicht beweisbar. Wie auch, wenn Beweise immer nach

---

7. Wenn zwei Ebenen einen Punkt gemeinsam haben, so haben sie wenigstens noch einen weiteren Punkt gemeinsam.
8. Es gibt wenigstens vier nicht in einer Ebene gelegene Punkte.
Aus diesen Axiomen allein lässt sich zum Beispiel folgern,

• dass zwei verschiedene Geraden sich in einem Punkt oder überhaupt nicht schneiden,

• dass zwei verschiedene Ebenen sich in einer Geraden oder überhaupt nicht schneiden,

• dass eine Ebene und eine nicht in ihr liegende Gerade sich in einem Punkt oder überhaupt nicht schneiden,

• dass eine Gerade und ein nicht auf ihr liegender Punkt eine Ebene bestimmen,

• dass zwei sich schneidende Geraden eine Ebene bestimmen.

Beispiel 2: Definition der Menge der natürlichen Zahlen N durch Axiome. Diese Axiome werden **Peano-Axiome** genannt. Hier die erten drei:
1.   0 ist eine natürliche Zahl.
2.   Zu jeder natürlichen Zahl n gibt es genau einen **Nachfolger** n', der ebenfalls eine natürliche Zahl ist.
3.   Es gibt keine natürliche Zahl, deren Nachfolger 0 ist.
4.   Zwei verschiedene natürliche Zahlen n und m besitzen stets verschiedene Nachfolger n' und m'.
5.   Enthält eine Menge X die Zahl 0 und mit jeder natürlichen Zahl n auch stets deren Nachfolger n', so enthält X bereits alle natürlichen Zahlen. (Ist X dabei selbst eine Teilmenge der natürlichen Zahlen, dann ist X gleich der Menge der natürlichen Zahlen.)

Prinzipien der Logik zu führen sind? – Das Unterfangen wäre ein Circulus vitiosus.

Also stellt man in dem Gebiet der Logik gewisse Schlussweisen zusammen, die unzweifelhaft erscheinen. Welche logischen Schlussweisen aber zugelassen werden, ist im Prinzip ein Willkür– oder Glaubensakt. Die Schule der Intuitionisten beispielsweise lehnt den Widerspruchsbeweis, also das berühmte „Tertium non datur" ab, eine Beweistechnik, die im Allgemeinen aber in der Mathematik und auch in den übrigen Wissenschaften verwendet wird.

3. Definitionen.

Sie erklären Begriffe, und das notgedrungen unter Verwendung von Wörtern. Wie sonst? Sie erklären neue Begriffe durch Zurückführung auf andere, bereits definierte Begriffe. Es bildet sich also ein ähnliches Dilemma wie beim Beweis: Die ersten, grundlegenden Begriffe (z.B. der Begriff der Menge in der Mengenlehre) können nicht definiert werden[10].

---

[10] Statt dessen werden grundlegende Begriffe lediglich umschrieben oder durch die Art ihrer Verwendung erklärt, bis Zuversicht darüber besteht, dass nun jeder das gleiche unter dem Begriff versteht. Beispiel: Der fundamentale Begriff „Menge" wird bisweilen erklärt als „Zusammenfassung" gewisser durch bestimmte „Eigenschaften" gekennzeichneter (geistige oder physische) „Objekte". Also wird die „Menge" erklärt durch die ebenso undefinierten Begriffe „Zusammenfassung", „Eigenschaft" und „Objekte". Dennoch bildet sich das Gefühl, damit den Begriff hinreichend eindeutig gekennzeichnet zu haben. Eine solche Definition durch nicht

Die Definition eines Begriffes durch nicht eindeutig definierte andere Begriffe kann natürlich nicht als wissenschaftlich zweifelsfrei angesehen werden[11].

Fassen wir zusammen: „Exakte Wissenschaft" ist mit drei Mängeln behaftet:

Beweise fußen letztlich auf elementaren Annahmen (Axiomen), die nicht bewiesen sind, sondern deren Richtigkeit nur geglaubt[12] werden kann.

Beweise bedienen sich der Logik, deren Gültigkeit nicht bewiesen, sondern nur geglaubt werden kann.

Definitionen fußen auf undefinierten Grundbegriffen, von denen nicht bewiesen, sondern nur geglaubt werden kann, dass sie hinreichend eindeutig sind.

Fazit:

Die erkenntnistheoretischen Grundlagen der exakten Wissenschaften und damit ihre Ergebnisse sind Glaubenssätze!

---

eindeutig definierte andere Begriffe ist aber keine zufrieden stellende wissenschaftliche Methode.

[11] Beispiel Mengenlehre.
Definition: (Cantor) Unter einer Menge verstehen wir jede Zusammenfassung M von bestimmten, wohlunterschiedenen Objekten m unserer Anschauung oder unseres Denkens zu einem Ganzen.
[12] ‚Glauben' im klassischen Sinne von „für wahr halten".

PS.: Als Konsequenz des eben Beschriebenen muss zugegeben werden, dass auch dieses Ergebnis nicht als objektiv bewiesen angesehen werden, sondern wohl nur subjektiv für wahr gehalten, also letztlich geglaubt werden kann.

Hans–Dieter ließ sich gern dazu verführen, über derlei Spitzfindigkeiten lange Abende und Nächte hindurch heiß zu diskutieren. Dabei ging es keineswegs so zielstrebig und trocken zu wie in der eben gelieferten knappen Darstellung unserer Ergebnisse. Morgens sah man Zickzackspuren oder mehr im Schnee, wenn man im Winter Hans–Dieters Weg vom zur Studentenwohnung umgebauten Schweinestall zu seinem Zimmer im Haupthaus der Vermieter mit den Augen nachvollzog ...

Hans–Dieter, als Jurist, sah in unseren Erkenntnissen mit einer gewissen Genugtuung eine Entzauberung der ach so unumstößlichen Mathematik – Nichtmathematiker haben meist einen ganz besonderen, scheuen Respekt vor der Mathematik.

Für mich waren unsere Ergebnisse eine Erfahrung, deren Konsequenz mich in tiefes Erstaunen versetzte:

„Eigenartig, Wissenschaftskritik führt letztlich zum gleichen Ergebnis wie der schlichte Glaube meines Religionslehrers, den wir als Schüler den 'fröhlichen

Protestanten' nannten." – und ich erzählte ihm von meinen Auseinandersetzungen mit dem lieben Herrn Stade.

Der liebe Herr Stade

Die Teilnahme am Religionsunterricht war freiwillig. Da ich konfessionslos war, nahm ich als Kind nicht daran teil. In der Oberstufe des Gymnasiums meldete ich mich dann aber doch zum evangelischen Religionsunterricht an. Unser Religionslehrer, Studienrat Karl Heinz Stade – genannt „der liebe Herr Stade" – , war ein freundlicher, weltoffener aber sehr gläubiger und, wie ich fand, ein etwas naiver Christ. Er bekannte uns ehrlich, dass für ihn ein Leben ohne das tägliche Zwiegespräch mit Gott unvorstellbar sei.

Jede Unterrichtsstunde begann mit dem damals üblichen Ritual: Wenn der Lehrer den Klassenraum betrat, standen wir auf und wurden mit den Worten „Guten Morgen, Jungs" begrüßt. Wir erwiderten zusammen im Chor „Guten Morgen Herr Stade!". Danach blieben wir stehen und warteten auf die Aufforderung „Setzt Euch!". Doch die kam noch nicht.

Der eigentliche Religionsunterricht begann er mit den Worten „Lasst uns still werden!". Bisweilen, wenn es nicht sofort ruhig war, wurde es quittiert mit dem ironischen Echo eines mutigen Mitschülers: „Kommt, Leute, lasst uns still werden!"

Es dauerte ein Weilchen, bis es ganz still war. Dann folgte ein kurzes, laut gesprochenes Gebet unseres geistlichen Hirten, bevor wir uns setzen durften.

Ich hatte mich für die Teilnahme am Religionsunterricht entschieden, um den Glauben meiner Mitschüler und überhaupt der meisten Menschen meiner Umgebung besser kennenzulernen. Außerdem hoffte ich, im Unterricht Gelegenheit zu haben, meine ja vollkommen anderen Auffassungen mit denen der Mitschüler und des Lehrers zu vergleichen und zu überprüfen.

Meine zunächst zaghafte und vorsichtige Kritik wurde von Herrn Stade sehr ernsthaft und freundlich aufgenommen. Er verstand es, einfühlsam mit meinen damals ja sicher noch kindlichen und ungeschickten Argumenten umzugehen, nahm sie ernst und baute sie geschickt in das Klassengespräch ein. Er war weder missionarisch noch überheblich, zeigte sich eher erfreut als verärgert über meine Zweifel an seinen Worten, wobei er seine Überzeugung ebenso ehrlich auf den Tisch legte wie ich die meine.

„Gott kann nicht sowohl gütig als auch allmächtig sein. Sonst hätte er die Greuel der Weltkriege nicht zugelassen, ganz zu schweigen von Auschwitz", argumentierte ich.

Doch wenn ich glaubte, ihn in logische Widersprüche verwickelt zu haben, stritt er das nicht etwa ab. Er hatte ein viel genialeres Argument, das ihn in die Lage setzte, seine Verwicklung in Widersprüche hinzunehmen: Wörtlich sagte er:

„Ich glaube, wir dürfen Gott nicht in einen so engen Kasten sperren", und fuhr dem Sinne nach fort:

„Wir Menschen sind unvollkommen. Auch unser Verstand und unsere Logik. Wir können die Wunder der Welt nicht mit unserem beschränkten Verstand erklären, nicht einmal die Endlichkeit des Lebens und die Unendlichkeit der Zeit und des Raumes können wir begreifen. Die Physiker sagen uns, der Raum sei unendlich und gekrümmt. Wir können uns das nicht vorstellen. Dazu bedürfte es göttlicher Größe. Denken wir uns einen Käfer, der auf einer großen Kugel geradeaus immer weiter geht. Sein Käfergeist wird es nicht begreifen, dass er nach einiger Zeit wieder dort ankommt, wo er schon einmal war. Menschlicher Verstand ist natürlich dem eines Käfers überlegen, und wir können den scheinbaren Widerspruch des gedachten Käfergeistes auflösen."

Und er fuhr fort:

„So stelle ich mir auch das Verhältnis unseres Geistes zum göttlichen Geist vor. Gottes Logik ist der menschlichen Logik himmelweit überlegen. Was uns widersinnig erscheint, muss für die umfassendere göttliche Logik kein Widerspruch sein. Was uns in der Bibel widersprüchlich erscheinen mag, kann sich sehr wohl als wahr erweisen, nur, unser Verstand versteht es vielleicht nicht. Wir sind nicht immer in der Lage den Geist göttlicher Logik in Gottes Wort zu erkennen. Auch wir Menschen sind im Grunde nur kleine Käfer."

Meinen Einwand, dass die Beschäftigung mit der Bibel sich dann auf einfache wörtliche Aufnahme des dort Geschriebenen beschränken müsse, da wir ja nie wissen können, ob unsere Folgerungen richtig oder falsch seien, nahm er gelassen und beinahe zustimmend hin:

„So ist es", war seine Antwort, „dennoch ist uns allen eine Auseinandersetzung mit Gottes Wort ein wichtiges Anliegen und das gemeinsame Nachdenken und Gespräch hierüber sicher notwendig, schön und hilfreich". – Ein mir ganz fremdes aber in sich geschlossenes, unangreifbares Glaubenssystem, wie mir schien. Es war meinem Wesen und meiner Überzeugung fremd, aber es fand meine Anerkennung und Hochachtung. Herr Stade ruhte in Gottvertrauen in seinem Glauben, zeigte sich auch in schwierigen Situationen (Schüler gehen oft roh mit liebenswerten Lehrern um) gelassen und freundlich und strahlte Fröhlichkeit aus. Ich gab ihm den Spitznamen „Der fröhliche Protestant".

Ich habe bis heute das Gefühl, dass uns am Ende gegenseitige Anerkennung und Achtung verband – bei aller Andersartigkeit unserer Weltanschauung. In den letzten beiden Jahren des Gymnasiums wurden Arbeitsgemeinschaften angeboten, von denen wir zwei auswählen mussten. Ich wählte Deutsch und – mit besonderem Interesse – die von Herrn Stade angebotene Arbeitsgemeinschaft Religion, – und ich habe es nicht bereut.

Zur Abiturfeier machte ich als Strophe für unseren Moritatengesang das folgende Gedicht auf ihn. Es nimmt Bezug auf seinen Heidegger-Exkurs und endet mit einer seiner Lieblingsantworten:

Im Dasein–Sein
Ist Sein nur Schein,
denn Schein ist klein,
so scheint's zu sein. –
Wär' Schein nicht klein
Würd's peinlich sein,
im Sein zum Schein
zu Zwein zu sein.
Und die Moral von der Geschicht':
„Ich möchte sagen: Ja und Nein."

Er unterstellte, das Gedicht sei von meinem Vater, was mich empörte und mir gleichzeitig schmeichelte.

Rechtsprechung und Axiomatik

„Was soll ich erst als Jurist sagen", meinte mein Studienfreund Hans–Dieter, „wenn sogar Deine Musterwissenschaft Mathematik bei näherem Hinsehen schon in die Knie geht? Auf welcher Basis stehen dann erst unsere Urteile? Sind sie nicht am Ende reine Gefühlsduselei und Willkür?"

Ich stimmte ihm zu, ohne mir jemals vorher Gedanken darüber gemacht zu haben. Und dennoch fragte ich:

„Aber Eure Urteile werden doch auch begründet?"

„Ja, aber worauf? Auf Gesetze, die geschichtlich gewachsen und irgendwann beschlossen worden sind in einer Zeit, in der das Leben noch ganz anders war als heute."

Und nach einer Pause:

„Und dann gibt es nicht selten unterschiedliche Gesetze aus verschiedenen Zusammenhängen und unterschiedlichen Zeiten, und einer legt mehr Wert auf das eine, ein anderer auf das andere Gesetz. Und wenn man in den Gesetzestexten nicht fündig wird, beruft man sich auf frühere Urteile, die zu juristischen Urteilsbegründungen herangezogen werden können. Es ist uferlos!"

„Im Grunde ist dann doch Euer Wissenschaftsprinzip ganz analog zu unserem mathematischen: die

Gesamtheit gültiger Gesetze stellt sozusagen das Axiomensystem dar, von dem Ihr ausgeht, um Anklagen, Verteidigungen und Urteile logisch zu begründen. Und bereits bekannte rechtskräftige Urteile haben eine ähnliche Bedeutung wie in der Mathematik bereits bewiesene Sätze!"

Im Prinzip hatten wir die gleiche Struktur und Ausweglosigkeit von Axiomatik, Logik und Sprache für die Rechtswissenschaft entdeckt wie für die Mathematik und die Naturwissenschaften.

„Leider gibt es noch etwas, das alles sehr erschwert", setzte er hinzu:

„Unsere Basis, dieses System von Gesetzen und Urteilen, ist so unübersichtlich und widersprüchlich, dass Du letztlich fast alles beweisen kannst!"

„Eure Axiome – also die gültigen Gesetze – stellen demnach kein widerspruchsfreies System dar. Das versucht die Mathematik allerdings zu vermeiden, denn dass aus einem widersprüchlichen Axiomensystem grundsätzlich alles bewiesen werden kann, ist ein anerkannter Lehrsatz der mathematischen Logik."

„Mit diesem Dilemma müssen wir Juristen nun mal leben. Und nicht nur wir."

„Aber das führt doch, wissenschaftlich gesehen, direkt ins Chaos", war meine ernüchternde Schlussfolgerung.

Hans–Dieter widersprach nicht.

Wenn die Probleme in der Mathematik schon nicht zu bewältigen waren, wie unvergleichlich schwieriger war es in der Juristerei!

Vor allem aber: Im einen Fall geht es nur um Zahlen oder Geometrie und abstrakte Theorien, im anderen um konkretes gesellschaftliches Zusammenleben, um menschliches Schicksal, Moral und Ethik. Wen wundert es, dass sich die Probleme dann potenzieren?

Naturwissenschaft und Axiomatik

Zunächst hatten wir so die „exakten Wissenschaften", also die Philosophie und sozusagen als deren reinste Töchter, die Mathematik und die Logik, zum Thema gemacht. Dann zum Vergleich die juristische Wissenschaft und die Praxis der Rechtsprechung. Wir hatten Gemeinsames in der erkenntnistheoretischen Struktur und Grundverschiedenes in der praktischen Anwendung gefunden.

Aber wie stand es mit dem Erkenntniswert von Physik, Chemie und den übrigen Naturwissenschaften? Waren sie nicht vielleicht letztlich die vertrauenswürdigsten, da sie auf nachprüfbaren Experimenten fußten?

Um es kurz zu machen: Wir einigten uns darauf, dass naturwissenschaftliche ebenso wie mathematische und alle anderen Disziplinen grundsätzlich der gleichen axiomatischen Methodik zu folgen haben, wenn der Anspruch auf Wissenschaftlichkeit erhoben werden soll.

Der einzige Unterschied der Methode der Naturwissenschaften zur Axiomatik der reinen Mathematik ist der, dass die verwendeten Axiome in den Naturwissenschaften auf experimentellen Erfahrungen basieren, aus denen dann naturwissenschaftliche Modelle aufgebaut werden.

Die Begründung durch beobachtete und nachvollziehbare Experimente stellt natürlich einen großen psychologischen Vorteil dar: Die Einigung über derartige „Axiome" fällt leichter, da normalerweise kein vernünftiger Mensch die Ergebnisse eindeutiger, jederzeit mit gleichem Ergebnis wiederholbarer Experimente in Frage stellt.

Das Verfahren führt aber zu anderen erkenntnistheoretischen Problemen: Erstens ist es denkbar, dass mehrere, unter Umständen sich gegenseitig widersprechende Theorien vom gleichen experimentellen Befund abgeleitet werden können, die die beobachteten Experimente „erklären". In diesem Fall ist die Lösung noch einfach: alle Modelle müssen als gleichwertige Theorien angesehen werden, solange sie nicht experimentell widerlegt werden. Das führt grundsätzlich zur Uneindeutigkeit der naturwissenschaftlichen Theorien.

Viel bedenklicher ist es, wenn, wie etwa in der Theorie des Lichts, kein widerspruchsfreies Modell aller bekannten experimentell beobachtbaren Phänomene gelingt: Wellen- und Korpuskulartheorie des Lichts widersprechen sich und sind beide lediglich in der Lage, Teilbereiche der Optik zu beschreiben, während sie in anderen Bereichen durch gesicherte experimentelle Befunde widerlegt werden. Beide Modelle sind somit als Gesamtmodelle unhaltbar.

Eine umfassende Lichttheorie, die mit allen bekannten experimentellen Ergebnissen in Einklang steht, gibt es bisher nicht. Wird es je eine geben? Ist unser menschlicher Verstand vielleicht zu beschränkt dazu? –

Und wieder sind wir bei unserem fröhlichen Protestanten und seiner genialen Weltschau.

Ethisches Handeln – aus Egoismus?

Eigentlich sollte ich konsequent immer so handeln, wie es für mich am besten ist: Stehlen und betrügen, wenn sicher ist, dass es nicht entdeckt wird, warum nicht sogar morden, wenn es für mich von Vorteil ist? Warum handle ich nicht einfach immer egoistisch? – Feigheit?

Warum handeln Menschen überhaupt nach ethischen Grundsätzen, frage ich mich. Bin ich der einzige, der das so unsinnig findet?

Ist Moral Folge frühkindlicher christlicher Dressur? Gesellschaftlicher Druck? Ästhetisches Verlangen im weitesten Sinne? Angst vor Strafe? Gar der Glaube einer Krämerseele daran, dass gutes Handeln sich langfristig auszahlt – im Himmel oder bereits auf Erden? Oder liegt in unserer unergründlichen Natur ein moralisches Urbedürfnis des Menschen als geselligem Wesen?

Eins ist mir klar: Moralisches Verhalten aus religiösen Gründen, also ein gottgefälliges Leben zu führen, um Gottes Zorn zu entgehen und ihm zu gefallen, um nicht in die Hölle zu kommen – oder wie auch immer der Allmächtige den Sünder strafen mochte – , ist purer Egoismus. Wer so denkt, sieht sich in der Hand Gottes, und er handelt nach den Geboten der Religion, um Gottes Wohltaten zu erlangen und seinen Strafen zu entgehen. Ethisches Verhalten aus Streben nach Eigennutz – krasser Egoismus.

Ebenso, wenn gute Taten zwecks gesellschaftlicher Anerkennung, also aus Eitelkeit erfolgen.

Aber wie ist es bei mir?

Warum soll ich mich „moralisch gut" verhalten?

Schon die Frage, was eigentlich „moralisch gut" ist, lässt sich nicht so ohne weiteres beantworten. Immerhin, Kants Imperativ scheint mir eine brauchbare Arbeitsdefinition: „Handle nur nach derjenigen Maxime, durch die du zugleich wollen kannst, dass sie ein allgemeines Gesetz werde."[13]

Aber warum einen solchen Imperativ befolgen? Da ich Gott und religiöse Bindung oder gar Verpflichtung ablehne, sehe ich mich in einem nihilistischen Dilemma.

Für mich gibt es keine philosophisch zwingende Begründung moralischen Handelns. Rational lehne ich

---

[13] Der kategorische Imperativ (im Folgenden kurz KI) lautet in seiner Grundform: „Handle nur nach derjenigen Maxime, durch die du zugleich wollen kannst, dass sie ein allgemeines Gesetz werde." Er ist im System Immanuel Kants das grundlegende Prinzip der Ethik. Er gebietet allen endlichen vernunftbegabten Wesen und damit allen Menschen, ihre Handlungen darauf zu prüfen, ob sie einer für alle, jederzeit und ohne Ausnahme geltenden Maxime folgen und ob dabei das Recht aller betroffenen Menschen, auch als Selbstzweck, also nicht als bloßes Mittel zu einem anderen Zweck behandelt zu werden, berücksichtigt wird. Der Begriff wird in Kants *Grundlegung zur Metaphysik der Sitten* (GMS) vorgestellt und in der *Kritik der praktischen Vernunft* (KpV) ausführlich entwickelt. Quelle: Wikipedia.

daher jegliche moralische Verpflichtung ab, sehe aber gleichzeitig, dass ich mich besser fühle, wenn ich „gut" gehandelt habe, und dass es umgekehrt unzufrieden macht, wenn ich „schlecht" gewesen bin. Schon als Schüler, wenn ich einem Klassenkameraden bei seinen Mathematik–Hausaufgaben half oder mit ihm Lateinvokabeln paukte, hatte ich das Gefühl, etwas Gutes getan zu haben, und fühlte mich wohl. Ebenso, wenn ich sonntags für die Familie den Frühstückstisch deckte, bevor die anderen aufstanden, oder gar einen Kuchen backte oder wenn ich einer alten Frau die Einkaufstasche trug, eine Verkäuferin darauf aufmerksam machte, dass sie mir versehentlich zu viel Geld zurückgegeben hatte, ... all das verursachte ein schönes Gefühl.

Dies ist sicherlich bei einem religiösen Menschen, wenn er nicht aus Furcht vor Gott, sondern aus Begeisterung für seine Religion „Gutes tut", ebenso.

Folgerung:

Sozial positives Verhalten führt zu einem glücklicheren Leben. Unabhängig ob aus religiöser Überzeugung oder anders begründet. Und umgekehrt: Ein Leben ohne Beachtung ethischer Grundregeln macht – zumindest mir – keine rechte Freude.

Moralisches Handeln folgt also einem inneren Bedürfnis. So ist das bei mir, aber vermutlich gilt das

allgemein. Bedürfnisbefriedigung aber erfolgt aus Egoismus. Grundsätzlich fußt unsere Moral also – ebenso wie die Unmoral – letztlich auf Egoismus.
Absurd! – Aber ist es nicht so?

Exkurs:
Es gibt Moraltheologen, die sagen: Gutes Handeln ist nur ethisch wertvoll, wenn es mit Mühe und unter Selbstüberwindung erfolgt. Geschieht es aus Lust, dann ist es moralisch wertlos. Spontanes und unbewusstes Handeln sei eher triebhaft und gerade deshalb nicht „ethisch".
Ich sehe es eher umgekehrt.
Doch das ist ein weites Feld.

Wer oder was in uns handelt moralisch?

Eine unserer menschlichen Denkkategorien ist das Kausalitätsprinzip. Wir können uns nicht vorstellen, dass etwas geschieht, ohne dass es durch irgendetwas (meist durch vielerlei Einwirkungen) verursacht ist. Immer gibt es ein ‚Warum'. Für den Gläubigen mag das unerklärliche ‚Warum' Gottes unergründliche Fügung sein. Aber damit hat es dann auch eine Ursache. Nur ist sie ins Unergründliche verschoben.

Wenn nun aber alles durch Ursachen bestimmt ist, liegt logischerweise auch alles, was in uns geschieht und wie es geschieht, bereits im Voraus fest. Sei es durch Vererbung, sei es durch vorangegangene Einflüsse unserer Umgebung, durch unsere Erfahrungen, sei es durch plötzliche Willenslenkungen unserer Umwelt. – Die berühmte Prädestination[14].

Auch unsere Entscheidungen unterliegen konsequenter Weise diesem Schema: Sie haben ihre sie erzwingenden Ursachen und sind somit nicht „frei" – auch wenn wir uns dessen nicht bewusst sein mögen und uns völlig frei fühlen.

---

[14] **Prädestination** (lateinisch *praedestinatio*) bedeutet Vorherbestimmung und ist ein theologisches Konzept, dem zufolge Gott von Anfang an das Schicksal der Menschen vorherbestimmt hat. Insbesondere geht es dabei um eine Erwählung einzelner Seelen zum ewigen Leben oder zu ewiger Verdammnis. Quelle: Wikipedia

Habe ich[15] aber keine Freiheit, zu entscheiden, dann ist eine ethische Bewertung meiner Handlungen und meiner Person unsinnig.

Daher können wir die moralische Qualität eines Menschen nicht so sehen, wie wir sie eigentlich sehen möchten. Trifft jemanden eine Schuld, wenn er so unmoralisch veranlagt ist wie er ist? Trifft ihn eine Schuld, wenn die Einflüsse seiner Umgebung ihn zu dem gemacht haben, was er ist? Wohl kaum. Wenn ihn aber keine Schuld trifft, dann ist seine Bestrafung nicht gerechtfertigt.[16]

Allerdings: Rein pragmatisch gesehen, von außen betrachtet, kann mein Handeln und damit meine Person mit ihrer Veranlagung natürlich moralisch eingestuft werden. Sie kann anhand ihres Verhaltens zum Beispiel schematisch nach den Kriterien der christlichen Gebote oder nach Kants Imperativ beurteilt werden. Rein sachlich betrachtet könnte man urteilen: Folge ich diesen Kriterien, bin ich ein guter Mensch, anderenfalls ein schlechter.

Eine solche Klassifizierung anhand der Geschehnisse ist wie die Bewertung einer Maschine. Tut sie das,

---

[15] Ich? Was ist das? Gemeint ist das Ego, versteckt in Descartes' „(ego) cogito ergo sum": Das, was in mir denkt und fühlt. Dieses Ego ist – dem Kausalitätsprinzip folgend - nicht frei. Es hat daher keine Schuld – nur Schuldgefühle.

[16] Für gläubige Menschen ist die Bestrafung einer Person für ihre Handlungsweise daher absurd. Man müsste den Verursacher, also Gott strafen.

was man von ihr erwartet, ist sie gut, anderenfalls schlecht. Keiner käme auf den Gedanken, ihr eine moralische Qualität zu unterstellen.

Fatalismus

Nach dem Denkprinzip der Kausalität handelt also jeder Mensch so, wie es ihm vorherbestimmt ist – und wenn er noch so sehr meint, er sei frei und könne so oder auch anders entscheiden. Die Freiheit bei unseren Entscheidungen ist folglich nur eine schöne Illusion[17].

Diese Betrachtungsweise führt zu zwei denkbaren Konsequenzen, denen wir aber nicht folgen mögen, da sie unserer Erfahrung zu widersprechen scheinen:

Die erste der Fatalismus: Wenn doch alles schon festliegt, warum soll ich mich dann noch anstrengen? (Nebenbei: dass ich mich dennoch anstrenge, liegt auch bereits fest!)

Die zweite fatale Konsequenz ist die Unmöglichkeit, vor dem Hintergrund der kausalen Vorherbestimmtheit einem Menschen eine moralische Schuld zuzusprechen.

---

[17] Kant macht an dieser Stelle einen Salto mortale: Er erkennt das Kausalitätsprinzip als unabdingbare Kategorie des menschlichen Geistes an wie Raum und Zeit. Und dann macht er den Sprung, dass die Freiheit des Willens aber sinnvollerweise nicht geleugnet werden könne und somit die ethische Qualität eines Menschen und nicht nur die seiner Handlungen als Geschehnisse bewertet werden können. Er ist sich allerdings der Widersprüchlichkeit dieser Grundannahmen bewusst und spricht in diesem Zusammenhang von einer *Antinomie*.

Vom Gefühl her mögen wir das nicht einsehen. Auch unser Recht folgt diesem Gedanken nicht. Allerdings mit einer Ausnahme: Es sieht in bestimmten Fällen sogenannte „Mildernde Umstände" vor. Also Strafmilderung, wenn der Straftäter aufgrund nicht von ihm zu verantwortender Umstände nicht als verantwortlich für seine Tat angesehen werden kann – beispielsweise wegen seines körperlichen oder geistigen Gesundheitszustandes.

Demnach fragt sich auch der Gesetzgeber: Kann denn ein Gewalttäter etwas für seine zu Gewalttätigkeit neigende Persönlichkeitsstruktur? Natürlich nicht… usw.

In letzter Konsequenz dieser Denkrichtung müssten eigentlich alle Verbrecher freigesprochen werden. Nicht nur die ganz verkorksten, denn psychologisch lässt sich immer eine Entwicklung aufzeigen, die letztlich zwangsweise zur Tat führen musste.

Von dieser Konsequenz ist unsere Gesellschaft und Rechtsprechung jedoch weit entfernt – ganz zu schweigen von der Kirche, in deren Lehre die Schuld ein zentraler Begriff ist.

Wie inkonsequent unsere Gesellschaft in dieser Frage ist, wird in der folgenden Betrachtung – zugegebenermaßen ein wenig provozierend – noch einmal überspitzt formuliert.

Kleine Verbrechen bestraft man – große werden entschuldigt

In unserer Rechtsprechung kommt es vor, dass ein vom Gericht bestellter Psychologe den Auftrag bekommt, zu prüfen, ob der Angeklagte schuldfähig ist[18].

Sind wir denn überhaupt jemals schuldfähig?

Dafür dass wir so sind wie wir sind, können wir nichts. Weder der Verbrecher, noch der „normale" Mensch. Unsere Gene und unsere Umwelt (oder ist es in Wahrheit Gott?) haben uns so werden lassen, wie wir sind.

Statt die persönliche Schuld des Rechtsbrechers zu beurteilen, kann lediglich die Verwerflichkeit der Tat eingestuft werden und entsprechend einem festliegenden Strafenkatalog (Strafgesetzbuch) belegt werden.

---

[18] Die Schuldfähigkeit bezeichnet das Mindestmaß an Selbstbestimmung, das vom Gesetz für die strafrechtliche Verantwortlichkeit verlangt wird. Eine fehlende Schuldfähigkeit des Täters kann sich einerseits aus seinem Alter (§ 19 StGB) oder andererseits aus einer mangelnden persönlichen Einsichts- und Steuerungsfähigkeit (§ 20 StGB) ergeben.

Voraussetzung für die Schuldunfähigkeit nach § 20 StGB ist, dass beim Täter zur Tatzeit entweder eine krankhafte seelische Störung oder eine tiefgreifende Bewusstseinsstörung oder Schwachsinn oder eine andere schwere seelische Abartigkeit vorgelegen hat. Weitere Voraussetzung ist, dass der Täter infolge eines der genannten Defekte unfähig war, entweder das Unrecht der Tat einzusehen oder nach dieser Einsicht zu handeln. –

Zitiert nach www.rechtswoerterbuch.de/recht/s/schuldfaehigkeit

Wenn nun Strafe im moralischen Sinne sinnlos ist, wer oder was soll durch das Strafmaß eines Urteils bestraft werden? Der Mensch, weil er so veranlagt ist, dass er ein Verbrechen begangen hat? Soll er für seine Veranlagung bestraft werden?[19]

In unserer Rechtsprechung offenbar ja. Außer – paradoxer Weise – in besonders schweren Fällen, wenn der Täter durch eine ganz besonders üble Veranlagung oder eine psychische Krankheit oder ein besonders schweres Schicksal zu dem geworden ist, was er ist. Dann stellt der Psychologe in seinem Gutachten fest, dass er nicht schuld– und daher nicht straffähig ist.

Quintessenz: Leichte moralische Defekte werden bestraft, schwere nicht[20].

Zur Festlegung des Strafmaßes haben wir unser Strafgesetzbuch.

---

[19] Zumindest gläubige Menschen müssten das ablehnen, denn für ihn ist der Mensch ein Geschöpf Gottes und wenn Gott ihn zum Verbrecher gemacht hat, ist nicht der Mensch sondern Gott zu bestrafen, da er alles zu verantworten hat. So konsequent mag ein Gläubiger aber nun auch wieder nicht sein. Geschweige denn die Kirche. Was wäre sie ohne ihr Herrschaftsinstrument ‚Sünde'?

[20] Häufiger Einwand: eine Einweisung in eine geschlossene Anstalt (früher: „Nervenheilanstalt" oder gar „Besserungsanstalt") sei vermutlich eine schlimmere Strafe als das Gefängnis. Mag ja für den Täter so empfunden werden. Aber sie ist im Sinne des Gesetzes keine Strafe, sondern eine Therapie und eine Schutzmaßnahme für die Gesellschaft. Der Einwand berührt also nicht die (zugegebenermaßen überspitzt formulierte) These: Leichte moralische Defekte werden bestraft, schwere nicht.

Soll Bestrafung überhaupt einen Zweck erfüllen, dann als Maßnahme, um das zukünftige Verhalten des Täters zu beeinflussen. Dem Täter wird bewusst gemacht, dass gesetzeswidrige Handlungen Unannehmlichkeiten nach sich ziehen. Sie dient also als Abschreckung, als Präventivmaßnahme zur Vermeidung zukünftiger Straftaten oder wenigstens zur Verminderung ihrer Wahrscheinlichkeit.
Die Wirksamkeit ist allerdings zweifelhaft.

Gesellschaft

Der mündige Bürger – und sein Ende

Vorspann zur Einstimmung[21]:

Unter dem Vorwand einer Tetanusauffrischung meldete ich mich diesmal außer der Reihe bei ihm an.

Dr. Xaladis war ein junger Mann. Fand ich. Aber das will nichts sagen. Mir kommen inzwischen alle Berufstätigen wie junge Leute vor. Wie alt er wirklich war, kann ich nicht sagen. Jedenfalls viel jünger als sein Vorgänger, von dem er mich geerbt hat.

„Sie kommen zur Vorsorge?", empfing er mich.

Ich hatte mir meinen ersten Satz schon im Wartezimmer zurechtgelegt. Zeit genug hatte ich gehabt.

„Nein", widersprach ich, „wenn es so weit ist, dann ist es eben so weit. Lange genug habe ich ohnehin schon gelebt. Länger als die vielen meines Alters, die vor mir haben gehen müssen, und angenehmer als die meisten derer, die als Kassenpatienten Ihr Wartezimmer füllen und geduldig auf Ihre Hilfe warten – immerhin der überwiegenden Mehrheit unserer Bevölkerung."

„Höre ich da Kritik?", wagte er einzuwenden, lächelte aber verbindlich, bereit, seine Worte zurückzunehmen, und ich beeilte mich, ihn zu beruhigen:

„Nein, nein. Im Gegenteil. Ich freue mich, als Gesunder zu Ihnen zu kommen."

---

[21] Fast wörtlich entnommen dem Roman „Letztes Jahr" desselben Autors.

„Als Gesunder, sagen Sie."

„ ‚Dank Ihrer Unterstützung', vergaß ich hinzuzufügen."

Ich versuchte, ebenso wohlwollend zu lächeln wie er.

„Ich fühle mich pudelwohl", ergänzte ich, „vielleicht aber halten Sie mich ja dennoch oder auch gerade deshalb für krank."

Ich machte eine kleine Pause und beobachtete, wie es in ihm arbeitete.

„Ich will Sie nicht raten lassen und auch nicht zu der unhöflichen Frage zwingen, was ich denn dann eigentlich hier wolle. Es ist Folgendes: Ich bin dankbar, glücklich und zufrieden, ein so unverdient schönes, gesundes und langes Leben hinter mir zu sehen."

„Unverdient? Sehen Sie das so?", unterbrach er mich, „Ich meine, wenn man wie Sie ..."

Ich beschloss ein Rebreak und fuhr ungeachtet seines höflichen Einwandes mit den Worten fort:

„Es ist mit dem Leben wie bei allem Schönen – und erst recht bei Unerfreulichem, aber davon rede ich nicht: Irgendwann ist es genug. Beim Essen, beim Spiel, beim Sport, bei einer Reise, es ist leider so: Die leckersten Bissen verhindern nicht, dass sich Sattheit einstellt, das schönste Spiel wird spätestens nach ein paar Stunden langweilig, eine noch so großartige Wanderung macht am Ende müde und endet mit dem Verlangen nach Ruhe und Schlaf und auch die wunderbarste Reise weckt, wenn sie lange genug währte, das Verlangen, heimzukehren in die Heimat. Jedenfalls bei mir.

Kurzum: Verschreiben Sie mir bitte etwas, das mich vom Leben in den ewigen Schlaf versetzt. Am liebsten Veronal, das Schlafmittel, das Filmschauspielerinnen früher gern nahmen. Dann schliefe ich ein im Bewusstsein verführerischer Gesellschaft. Allerdings bedienten sich die kleinen Schönen von damals gern einer zu geringen Dosis – um dann gerettet zu werden.

Oder geben Sie mir Morphium. Oder irgendetwas, das mich schnell und sanft wegtreten lässt. Sie wollen doch nicht, dass ein unschuldiger Straßenbaum sich meinem Auto in den Weg stellt, ich den Haartrockner neben mir im Badewasser ersäufe, man mich leicht blau im Gesicht vom Schaukelgerüst eines Kinderspielplatzes abschneidet, dass ich ahnungslosen Straßenkehrern unter einer hohen Brücke ihre Arbeit erschwere oder gar, dass mich ein Zug in leblose blutige Körperteile zerlegt. Oder?"

Ich sah, dass mein geplagtes Gegenüber etwas sagen wollte, brach meinen Redeschwall ab und harrte der Erwiderung des Medizinmannes.

„Selbst wenn ich wollte – ich darf und ich kann Ihnen nicht helfen."

Es klang sehr bestimmt. Beinahe schroff.

„Können nicht?"

„Sie haben richtig gehört. Veronal und überhaupt Barbiturate darf nur noch der Neurologe zur Behandlung von Epileptikern verschreiben. Betäubungsmittel wie Morphium gehen schon gar nicht."

„Vielleicht gibt es heute etwas Besseres?"

„Mit Recht bewahrt uns unsere christlich–soziale Grundordnung vor solch krankhaften Dummheiten wie sie Ihnen vorschweben."

„Und entmündigt seine Bürger im Namen der unantastbaren Menschenwürde."

„Genau so ist es. Irgendwo gibt es Grenzen. Und das ist gut so."

„Man will uns zur Eigenverantwortung erziehen, aber über das wichtigste Gut, das ich besitze, darf ich nicht selbst entscheiden."

„ ‚*Du sollst nicht töten*'. – Für unsere Gesellschaft gilt das auch heute noch. Und auch für Sie. Auch Ihr eignes Leben ist unantastbar."

„Richtig. Das Tugendmäntelchen Religion. Hatte ich fast vergessen. Es ist zum Verzweifeln."

„Gutes Stichwort. Wie wäre es mit einem Psychiater? Er könnte Ihnen vielleicht die Verzweiflung nehmen."

„Ich und verzweifelt? Zum Psychiater? Ich leide doch überhaupt nicht."

„Es gibt heute vorzügliche Medikamente."

„Wozu der Quatsch? Und selbst wenn es so wäre wie Sie meinen, Psychopharmaka heilen bestenfalls die Symptome. Nicht das Problem."

„Macht nichts. Das Problem vergessen Sie dann."

Einen Augenblick zögerte ich. Dann schwenkte ich um. Tat einsichtig:

„Gut", sagte ich, „versuchen wir es."

Ich hatte etwas gegen Psychiater, Psychologen und Psychotherapeuten. Aber ich wollte immer schon mal die Arbeit eines Meisters dieser Zunft kennenlernen. Ganz besonders seit dem tollen Spielfilm über Freud und Jung[22]. Warum also nicht? War eigentlich eine günstige Gelegenheit.

„Zahlt das die Kasse?"

„Bei geeigneter Diagnose."

„Von Ihnen?"

„Nein, von einem Facharzt für Psychiatrie oder einem Neurologen."

„Vom Irrenarzt meinen Sie?"

„Vom Facharzt für Psychiatrie. Nervenarzt, für den Fall, dass Sie das besser verstehen."

„Aber früher gab es doch noch Irrenärzte. Und Irre, ich meine geistig Kranke, gibt es doch immer noch. Versucht man heute nicht mehr, die zu heilen?"

„Natürlich werden diese Patienten auch heute gewissenhaft medizinisch betreut. Wo kämen wir sonst hin? Diese schwierige Aufgabe teilen sich die Fachärzte für Psychiatrie mit den Psychologen.

„Ach so. Gut. Können Sie mir einen guten Facharzt für Psychiatrie empfehlen?"

„Darf ich nicht."

„Unter Sportsfreunden" – er war wie ich Mitglied im örtlichen Golfclub – „Zu wem soll ich gehen?"

---

[22] Sigmund Freud, C.G. Jung und eine Patientin: In dem Film "Eine dunkle Begierde" erkundet David Cronenberg die Anfänge der Psychoanalyse. Quelle: Welt online vom 8.11.2011

Einen Augenblick dachte er nach. Ich hatte den Eindruck, es war das erste Mal während des Gesprächs.

„Es gibt ein Branchentelefonbuch. Schauen Sie unter Psychiatrie oder Neurologie. Vielleicht suchen Sie mal in Waldkirch. Da gibt es allerdings nur einen. Der ist Neurologe und Facharzt für Psychiatrie. Er spielt übrigens auch Golf in unserem Club."

Spaß beiseite:

Demokratie erfordert einen „mündigen Bürger". Eine Bezeichnung, die unter dem Eindruck der Befreiung vom Nationalsozialismus früher Stammgast in politischen Reden und bei Verabschiedungen von Abiturienten war. Menschenwürde war das Ideal unserer Gesellschaft und schlug sich an allererster Stelle im Grundgesetz nieder. Noch bei der Einführung der Bundeswehr sprach man vom „Bürger in Uniform" und meinte damit nicht den folgsame Untertan sondern den mitdenkenden, verantwortungsbewussten Menschen, der im Militärdienst seinen Beitrag zur Verteidigung unserer demokratischen Gesellschaft leistete.

Damals gab es in Apotheken noch *Veronal*, das weit verbreitete Schlafmittel, das seine Wirkung Barbituraten verdankte. Das Medikament blieb lange im Handel, auch wenn es von Filmsternchen pressewirksam – meist gerade eben noch zu gering dosiert

– zur Vortäuschung – aber wer weiß, vielleicht ja doch zur Durchführung in ernster Absicht – eines Selbstmordversuchs verwendet wurde.

In ausreichender Dosis allerdings war die Droge herrlich schmerzlos und wunderbar zuverlässig tödlich: Einnehmen, wegdämmern, aus und vorbei. Vorsichtshalber vorher noch ein Antikotzikum, damit das wohltuende Pülverchen den Magen nicht vorzeitig in der falschen Richtung verließ. Der Arzt fand den Patienten später ohne äußere Zeichen von Verletzungen vor. Sanft entschlafen, meist sogar im gewohnten eigenen Bett. Aus. Vorbei. Nachhaltig.

Das Verfahren bot ein Höchstmaß von Umweltfreundlichkeit.

Das waren noch Zeiten!

Heute muss man sich eine hohe Brücke suchen oder eine gut befahrene Bahnstrecke. Gern auch eine einfahrende U–Bahn.

Wer Lokführer und Mitreisende, die unfreiwillig Zeugen werden, vor einem Schock bewahren möchte oder, im anderen Verfahren, dem Fahrer des ersten Autos, das unter der Brücke durchfährt und vielleicht noch gerade eben dem blutigen Flurschaden ausweichen kann oder, im ungünstigen Falle mangels beherzter Reaktion darüber hinweg rumpelt, sucht sich tiefes Wasser, möglichst im Winter. Mit Steinen im Rucksack. Oder zieht sich einen Müllsack über den Kopf. Autoabgase in der Garage sind trotz Dieselskandal wohl zu unsicher geworden im Zeichen des Katalysators. Oder man zieht mit Strick und Leiter los und sucht einen geeigneten Baum.

Wie auch immer – unappetitlich. Vor allem aber riskant. Und eine gehörige Portion Mut und Vertrauen in die gewählte Methode gehören dazu.

Einige reden von Insulin. Ist aber schwer zu dosieren. Unsicher in der Art der Wirkung. Und keineswegs zuverlässig. Außerdem nicht legal zu beschaffen. Immerhin leichter als ein wirksames Barbiturat. Mehr oder weniger illegal soll das noch in China, Peru oder Mexico zu haben sein. Natürlich strafbar, wenn der Zoll einen bei der Heimreise erwischt.

Schweiz oder Holland?

Fehlanzeige. Nur für Todkranke möglich, die sich unter unerträglichem Leiden dem baldigen Tode entgegenquälen, was akribisch genau medizinisch und rechtlich abzusichern ist. Und noch dazu sehr teuer. Per aspera ad astra[23].

So streng geht unsere Gesellschaft mit dem mündigen Bürger um, dass er noch nicht einmal Bücher lesen darf, in denen mögliche Methoden des Freitodes beschrieben und beurteilt werden. Selbst die *Gesellschaft für humanes Sterben* (immerhin, die

---

[23] Lateinisch. „Erst die Arbeit, dann das Spiel" oder so.

gibt es) darf keine Tipps geben. Auch nicht an langjährige – und damit wohl kaum kurzschlussgefährdete – Mitglieder wie den Autor dieser Zeilen.

Ich habe mir die beiden Bücher mit verheißungsvollem Titel, die ich einmal versteckt zwischen anderen Neuerscheinungen in einer Literaturliste entdeckt habe, kaufen wollen. Aber Fehlanzeige. Der örtliche Buchhändler konnte die Titel nicht beschaffen. Der Computer konnte sie nicht in der Liste der verfügbaren Titel finden. Auch bei Amazon und anderen Onlinebuchhandlungen existierten sie nicht.

Für das eine[24] musste ich zum Erwerb nach Holland, für das andere[25] in die Schweiz. Sogar der – dann doch mehr oder weniger private – Versand eines durch Vorauszahlung erworbenen Exemplars an meine deutsche Adresse war Schweizer Buchhändlern nicht erlaubt. Ich musste mir eine Buchhandlung nahe der deutschen Grenze suchen, es dort bestellen und persönlich abholen. – Übrigens: die sonst doch so sittenstrengen Schweizer können das

---

[24] „Wege zu einem humanen, selbstbestimmten Sterben", 4. Ausgabe (deutsch), Amsterdam, Juli 2008. Hrsg. Stiftung zur Erforschung eines humanen selbstbestimmten Sterbens.

[25] „Die friedliche Pille", Untertitel ‚Sanft einschlafen - für immer. Der Ratgeber zum selbstbestimmten Sterben', Herausgeber: Exit International US, Autoren Philip Nitschke und Fiona Stewart, 339 Seiten, Zürich 2011, Verlag libri, Zürich , ISBN 978-0-9788788-6-3

Buch problemlos kaufen und sich auch an ihre Schweizer Adresse zuschicken lassen!

So weit ist es gekommen mit dem mündigen deutschen Bürger. Alles sollen wir selbst und eigenverantwortlich entscheiden und regeln. Sogar über das Entstehen von neuem – immerhin fremdem – Leben dürfen und müssen wir selbst entscheiden. Aber über das eigene Leben, welches wir, ohne gefragt zu werden, bekommen haben, dürfen wir nicht verfügen. Da sind wir entmündigt.

Eigentlich genügen diese Betrachtungen. Ich wollte nur einen Blickwinkel zum Freitod zu erläutern, der in weiten Kreisen unserer Gesellschaft tabu ist. Ich möchte ihn an und für sich nicht rechtfertigen müssen.
Aber ich sehe schon wie sich Leserstirnen runzeln: Ethik, Religion oder Gefahr von Missbrauch wird vorgeschoben, um das Tabu zu bewahren. Daher doch noch ein paar Worte:
Ich meine, wo ein Wille ist, ist auch ein Weg. Im guten wie im schlechten Sinne.
Bei redlichem Bemühen ließen sich juristisch Wege finden, um Missbrauch zu vermeiden: Klappt ja auch für den organisierten Suizid in der Schweiz: Psychologisches Gutachten über den geistigen Zu-

stand (Zurechnungsfähigkeit), notarielle Beurkundung der Rechtmäßigkeit und eine schöne Summe Geld vor Ausstellung eines Rezepts. Vielleicht noch ein paar Vorkehrungen mehr. Warum nicht?

Und außerdem: Das Kissen über den Kopf eines Alten ist schwerer nachzuweisen als der Tod durch Barbiturate. Im Übrigen: Kellertreppen sind oft so steil, Gebirgswanderungen so gefährlich und es gibt auch Badeunfälle… Krimisehen ist ja erlaubt. Wird sogar als zeitgenössisches Kulturgut gefördert. Wir kommen kaum darum herum, all die einschlägigen Anregungen aufzunehmen, wenn wir das TV einschalten. Da gibt es tolle diesbezügliche Ideen – soweit es die Zensur erlaubt.

Ich für meinen Teil habe mir gemäß dem holländischen Buch (s.o.) etwas besorgt und für den Fall einer bösen Wendung meines Gesundheitszustandes in den Kühlschrank gelegt[26].

Dem Hausarzt habe ich ein paar Märchen erzählt, damit er mir das alles verschreibt:

Zum Antikotzikum: Schiffsreise

---

[26] Antikotzikum: MCP AL, 20 Tabletten à 10 mg , Einschlafmittel: Resochin, 100 Tabletten à 155 mg (nicht tödlich - so was Gutes gibt es ja nicht mehr), zur Herbeiführung des Endes (Herzversagen) Flunitrazepam-neuraxpharm, 20 Tabletten à 1 mg, (eigentlich ein Malariamittel)

Zum Einschlafmittel: schwere Schlafstörungen
Zum finalen Medikament: Reise in ein Malariage-
biet.

Das sind bald ein Dutzend Jahre her. Ich bewahre es
wie einen Schatz in einem geheimen Tresor auf. Für
den Notfall.
– Als mündiger Bürger.

Erbschaft – soziales Unrecht

Ich hatte mein Haus abbezahlt. Mein Einkommen war nicht riesig aber ich konnte gut davon leben. Die Belastung durch das Studium der Kinder war ohne größere Mühen zu verkraften gewesen. Sie waren inzwischen beide Lehrer und Beamte auf Lebenszeit. Hatten ihr sicheres Einkommen.

Da plötzlich erbte ich ein kleines Haus im Schwarzwald.

Mein Sozialempfinden geriet völlig durcheinander. Warum ich? Mit nichts hatte ich es verdient. Mein eigenes Haus, das hatte ich durch meine Arbeit selbst verdient. Aber das geerbte?

Und vor allem: Ich litt keine Not, während andere, auch unter meinen Freunden, eine kleine Finanzspritze bitter nötig gehabt hätten. Aber da war keine Erbschaft in Aussicht. Arme erben nicht. Das ist ein Privileg der Reichen.

Mein Gewissen sagte mir: „Verzichte und gib das Ererbte an Bedürftigere weiter! Oder spende es!"

Wen auch immer ich ansprach, immer die gleichen Antworten:

„Du bist wohl verrückt!" oder: „Du darfst doch nicht das Erbe deiner Kinder weggeben!"

„Für die ist gesorgt. Sie haben ihre Ausbildung und ihr Einkommen."

„Aber es sind doch deine eigenen Kinder. Dein Besitz gehört deiner Familie und damit deinen Kindern. Die haben ein Anrecht darauf[27]."

„Anrecht. Mag sein. Aber Recht und Gerechtigkeit, das ist nicht das gleiche. Was haben die eigenen Kinder anderen voraus, dass unser Besitz an sie geht statt an Personen, die es nötiger hätten?", fragte ich.

„Es sind doch deine eigenen Kinder. Für die bist du verantwortlich."

„Und für andere, denen es schlecht geht? Die gehen mich nichts an? Ist das das richtige Sozialempfinden? Für andere bin ich nicht verantwortlich?"

„Nicht so wie für deine eigene Familie. Ich arbeite doch auch in erster Linie nur noch für meine Kinder. Für mich habe ich längst ausgesorgt."

„Lass die Kinder doch selbst arbeiten! Und wenn du unbedingt etwas vererben willst, warum nur denen und nicht anderen? ‚Stimme des Blutes' nennt man das. Mit den eigenen Kindern eine Duftnote in die Zukunft setzen. Eitle Selbstverwirklichung über den

---

[27] Das mag ganz früher seinen Sinn gehabt haben, als es wirklich in Großfamilien gemeinsam erworbenen Familienbesitz gab, von dem das Überleben der ganzen Familie abhing. Etwa der durch eigene Rodung fruchtbar gemachte Acker.

eigenen Tod hinaus! Platzhirsch bleiben, auch noch in den Folgegenerationen bis ins dritte und vierte Glied."

„So kann man das nicht sehen. Es liegt doch in unserer Natur, dass wir für unsere Kinder sorgen."

„Mag sein. Dennoch: Das Erbrecht ist eine der unsozialsten Einrichtungen unserer angeblich sozialen Marktwirtschaft.

Gebot der Nächstenliebe wäre es, das Erben abzuschaffen. Zumindest ganz hoch zu besteuern. So wie es jetzt ist, begünstigt es Reiche und benachteiligt diejenigen, die Hilfe am nötigsten hätten, die Armen. Lies doch mal den Armutsbericht. Auf der einen Seite wird herzerweichend gejammert, dass sich die Schere zwischen Armen und Reichen immer mehr auftut. Aber gleichzeitig wird gefordert, die Erbschaftssteuer womöglich noch herabzusetzen. Ist wohl populär. Bringt offenbar Wählerstimmen."

„Und wenn es den Kindern später einmal schlechter geht? Dann entlastet es den Staat, wenn durch eine Erbschaft für sie gesorgt ist. Er müsste dann keine Sozialhilfe leisten."

„Ist doch lächerlich. Das kann er doch locker aus dem Steueraufkommen finanzieren, das durch eine hohe Erbschaftssteuer hereinkommt."

„Und wenn die Kinder behindert sind?"

„Für behinderte oder hilfsbedürftigen Nachkommen sind Ausnahmeregelungen denkbar. Obwohl: Warum sollte es den behinderten oder hilfsbedürftige Nachkommen von Reichen eigentlich besser gehen als anderen? Tut es ohnehin schon während der Lebzeiten der begüterten Eltern."

Und dann das andere Argument:

„Ohne Erbregelungen würden Familienunternehmen keinen Fortbestand haben. Sollen die Betriebe nach dem Tod der Eigentümer an den Staat fallen? Dann gehen sie kaputt."

Der Einwand hat mit dem eigentlichen, dem ethischen Problem, nämlich der ungerechten Bevorzugung der Erben wenig zu tun. Dennoch lasse ich mich widerwillig darauf ein.

„Schon heute gibt es Regelungen, die es Erben erleichtern den elterlichen Betrieb zu übernehmen. Das scheint vernünftig. Denkbar wäre eine Sonderform des Vorkaufsrechts mit Vergünstigungen beim Erwerb (Zinsloses Darlehen oder andere Erleichterungen). *Was Du ererbt von deinen Vätern, erwirb es, um es zu besitzen!'* (Goethe Faust, Prolog, 2. Monolog). Eine Regelung könnte sein, dass Erbberechtigte bei geeigneter Qualifikation den elterlichen Betrieb zunächst als Geschäftsführer weiterführen können und er im Erfolgsfall nach fünf Jahren in ihren Besitz übergeht."

„Und wenn…"

„Ja, ja, ‚wenn der Topf aber ein Loch hat, ein Loch hat, ein Loch hat …'

– Wir sollten nicht die juristischen Ausnahmeregelungen diskutieren[28]. Das sind Ablenkungsmanöver. Es geht um das gesellschaftliche soziale Prinzip. Natürlich ist die Problematik komplex. Und es fehlt uns die juristische Kompetenz."

Geben wir unsere Abschlussstatements:

Einerseits:

„Das Erbrecht ist eine der unsozialsten Einrichtungen unserer angeblich sozialen Marktwirtschaft. Gebot der Nächstenliebe wäre es, das Erben abzuschaffen."

Und die Gegenrede:

„Bleiben wir doch lieber bei dem geschichtlich in unserer abendländischen Kultur gewachsenen Selbstverständnis von Familie und Gesellschaft[29], einem der wichtigsten Bausteine unserer Kultur,

---

[28] Ich maße mir nicht an, in dieser kleinen Betrachtung eine fertige Lösung zu geben, wie man die Erbungerechtigkeit in unserer Gesellschaft lösen sollte. Ich will nur auf die Ungerechtigkeit als Tatsache hinweisen, wohlwissend, dass ihre Erwähnung ein Tabu ist, über das allgemein lieber der Mantel des Schweigens gehüllt wird.

[29] Mit derlei Argumenten wurde jahrhundertelang Gleichberechtigung, Homosexualität und das geozentrische astronomische Weltbild auf mittelalterlichem Niveau gehalten.

und damit bei dem unverzichtbaren Prinzip des Vererbens!"

Ich verachtete sie alle, die so denken. Vor allem aber mich. Denn ich tat nichts. Nutzte das Haus als Ferienquartier. Später verkaufte ich es. Verhielt mich stinknormal. Das Unmoralische meiner Haltung verdrängte ich allmählich.

Nachtrag:

Und so wird die Diskussion auf Abwege gelenkt:

„Du machst einen Denkfehler: Du kannst nicht das Vererben als unsozial verteufeln. Das Heranwachsen im finanziellen Überfluss und bevorzugtem Bildungsangebot einer reichen Familie wäre dann ebenso unsozial. Und dagegen kannst und willst du ja wohl nichts unternehmen. Oder?"

„Du hast recht. Auch das ist bereits unsozial. Aber das Erben ist nicht deswegen weniger unsozial, weil es andere Gegebenheiten gibt, die ebenfalls unsozial sind. Im Gegenteil. Da bereits die Bevorzugung in der Jugend unsozial ist, sollte zumindest das spätere Erben abgeschafft oder mit hoher Steuer belegt werden, um die Ungerechtigkeit nicht noch zu vergrößern und über Generationen beizubehalten."

Exkurs:

Setzt ein Staatschef seine Verwandten als Minister und seinen Sohn oder seine Tochter als Nachfolger im Amt ein, ist das Korruption. Ein amerikanischer Präsident darf den Betrieb seiner Tochter nicht politisch unterstützen. Das ist gesetzeswidrig. Sehr zu Recht.

Dagegen aber ein Firmenchef: Der darf...

Und ein Familienvater sowieso ...

Was in der Politik als Korruption verteufelt wird, halten wir üblicherweise bei Wirtschaftsunternehmen für ganz normal: Wo ist da der Unterschied? Beides sind Unternehmen, der Staat ebenso wie ein Immobilientrust und ein Familienbetrieb. Nur gibt es in der Politik kein Erbrecht für politische Posten. Glücklicherweise. Das gibt es nur bei Familien.

Utopia: Ein Kapitalismus mit Ethik

Vorspann

Ein Ferrari F12 Berlinetta[30] fährt an der Côte d'Azur
die belebte Uferpromenade entlang und biegt in die
Einfahrt einer Luxusvilla ein.

Ein Raunen geht durch die Menge. Vereinzelt hört
man die Worte:

„Mafioso!", „Capitalista".

Hier und da erheben sich geballte Fäuste.

Das kapitalistische Gesellschaftssystem besitzt – im
Gegensatz zum Kommunismus – keine Ethik. Das
Kapital beherrscht die Welt und profitiert ungehin-
dert von der menschenverachtenden Ausbeutung
der Gesellschaft[31].

Unsere politisch verordnete „Soziale Marktwirtschaft" kommt nicht dagegen an. Zu stark ist bereits

---

[30] Italienischer Kultwagen, Listenpreis ca. 270.000 €

[31] Das klingt wie eine Phrase. Aber was ist eigentlich eine Phrase? Ist die immer
platt und unsinnig?
www.neueswort.de: *„Phrase"* entstammt dem lateinischen Wort *phrasis*, das
übertragend zu „aussprechen", „anzeigen" oder „sagen" übersetzt werden
kann. ... In erster Linie ist eine *Phrase* eine im abwertenden Sinne als nichtssa-
gend oder abgegriffen bezeichnete Aussage bzw. Redensart.

- Also ein ähnlicher Totschläger wie ‚Kitsch' (siehe den diesbezüglichen späte-
ren Abschnitt).

die Macht des Kapitals. Es regiert das Gesetz des Geldes, und das kennt keine Ethik: Gut ist, was Geld bringt.

Wird sich das je ändern lassen?

Die kommunistische Revolution hat es versucht und ist an unserer menschlichen Unzulänglichkeit gescheitert. Leider. Immerhin hat ihre Ideologie im „Wettkampf der Systeme" jahrelang auch dem Kapitalismus im Westen Grenzen gesetzt. Vier Millionen Arbeitslose hätte sich eine westdeutsche Regierung nicht leisten können, solange sie im ständigen Wettstreit mit dem Sozialismus stand. Mit dessen Zusammenbruch wurde das anders. Es gibt kein Mittel zur Bekämpfung des skrupellosen Kapitalismus mehr.

Oder vielleicht doch?

Idee für ein utopisches[32] Gegenmodell:

Wir brauchen ein neues Entlohnungssystem. Eines, durch das jeder nach seinem gesellschaftlichen Nutzen bezahlt wird.

Das alles beherrschende Geld würde plötzlich eine moralische Komponente bekommen: Die Höhe des Einkommens eines Menschen würde zum Gradmesser seines gesellschaftlichen Nutzens. Reiche Leute wären nicht länger Menschen, die es lediglich verstanden haben, dem System möglichst viel zum persönlichen Profit abzutrotzen, sondern Personen, die Respekt verdienen, weil sie offenbar für die Gemeinschaft besonders viel wert sind.

‚Geld *verdienen*‘ kehrte zu seiner ursprünglichen Bedeutung zurück. Kapitalismus bekäme eine neue Moral, die Begehrlichkeit und Ethik in Einklang bringt.

Fährt dann ein Ferrari durch die Stadt, schauen sich die Leute danach um, und ein andächtiges Raunen geht durch die Menge: „Schau ihn dir an! Das muss

---

[32]Der Begriff *Utopie* entstammt dem Titel *De optimo rei publicae statu deque nova insula Utopia* (Vom besten Zustand des Staates oder von der neuen Insel Utopia) des 1516 erschienenen Romans* des englischen Staatsmanns Thomas Morus, der darin eine ideale Gesellschaft beschreibt, mit deren Hilfe er seinen Zeitgenossen einen kritischen Spiegel vorhält. ... Im alltäglichen Sprachgebrauch wird *Utopie* auch als Synonym für einen von der jeweils vorherrschenden Gesellschaft vorwiegend als unausführbar betrachteten Plan, ein Konzept und eine Vision, benutzt. Quelle: Wikipedia

*) Anmerkung: Leider ist derText ohne Handlung. Nur Beschreibung einer Gesellschaftsordnung. Eigentlich also nicht wirklich ein Roman.

ein toller Mensch sein, dem wir viel verdanken".
Keine geballten Fäuste, sondern winkende Hände
würden seine Fahrt begleiten[33].

Um eines klar zu sagen: Hier ist eine Utopie beschrieben, kein realistischer politischer Plan. Halten
Sie sich, lieber Leser, nicht an wirklichen oder ver-
meintlichen Unmöglichkeiten dieses utopischen
Systems auf, schieben Sie kleinliche Bedenken beiseite und träumen Sie einmal für ein Weilchen meinen Traum mit!

Natürlich werden die Menschen in dieser Gesell-
schaftsform nicht anders reagieren als bisher. Sie
werden nach Besitz streben und moralisch nicht
hochwertiger sein als jetzt. Nur: um reich zu werden, müssten sie sich in dieser neuen Gesellschaft
in den Dienst der Allgemeinheit stellen.

Wirklich utopisch?
Jeder Beschäftigte müsste sich in dem angedachten
System, gleichgültig in welcher Position, einmal im
Jahr einer Evaluation unterziehen. Im Rahmen der
Evaluation sollte der augenblickliche und in Zukunft
zu erwartende jährliche – in Geld bemessene – ge-
sellschaftliche Nutzen der Person festgestellt wer-

---

[33] Schnulze. Ich weiß.

den. Aus den Ergebnissen dieser Evaluation sollten seine Lohnzahlungen für das jeweils kommende Jahr nach finanzmathematischen Formeln neu festgesetzt werden.

Sinkt der gesellschaftliche Nutzen auf null, wird der Arbeitnehmer zwangspensioniert und bekommt eine staatliche Rente. Sein Besitz wird zu diesem Zeitpunkt eingezogen. Die Höhe der Rente mag sich nach seinem im Leben geleisteten gesellschaftlichen Gesamtnutzen bemessen.

Der schrittweise Abbau von bestehenden Finanzhierarchien wird dadurch ermöglicht, dass das Erbrecht abgeschafft wird.

Welch „schöne neue Welt"! [34]

Vorreiter China

Man wird einwenden, dass eine solch detaillierte Datenerfassung unmöglich ist. Dazu eine aktuelle Nachrichtenmeldung:

China führt eine sogenannte Sozialkarte ein, in der alle verfügbaren Daten einer Person gespeichert sind: Name, Alter, Geschlecht, Wohnort, Familienstand, Kinderzahl, Beruf, Publikationen, übernom-

---

[34] Weiter ausgemalt und in seinen möglichen Konsequenzen beschrieben ist das Modell in dem gesellschaftspolitischen Zukunftsroman „Klosterbrut" von Hartmut Wiedling.

mene Ämter, Gesundheitszustand, Krankheiten, finanzielle Situation, Einkommen, Besitz, Schulden, Schulbildung, Straffälligkeit, berufliche Beförderungen, Mitgliedschaft in Vereinen, Partei, Sportclubs, bevorzugte Fernsehsendungen, Telefonate, E-Mail-Verbindungen, Reisen, Transportmittel, Warenkäufe ... kurzum alles, was an Daten erfassbar ist.

In einem Pilotprojekt ist die Karte in einer Millionenstadt bereits eingeführt. Sie soll bis zur Mitte des nächsten Jahrzehnts auf die gesamte chinesische Bevölkerung ausgedehnt und die Daten zentral verwaltet werden.

Man sieht: Vollkommen unrealisierbar ist eine Einführung des utopischen Gegenmodells zum Kapitalismus nicht: In China stünde dem beschriebenen utopischen Entlohnungsmodell kaum noch etwas im Wege.

Außerdem verfügt das Land (noch[35]) über eine mächtige Zentralregierung mit der Macht, berufliche Tätigkeiten nach ihrem gesellschaftlichen Nutzen zu bewerten und das System einzuführen.

---

[35] Aber nur solange sie sich noch gegen die Macht des Kapitals behaupten kann und nicht, wie alle anderen Regierungen der Welt, die Macht an die Finanzwirtschaft abzugeben gezwungen wird, was bei der derzeitigen politischen Entwicklung in China für die Zukunft auch in China beinahe anzunehmen ist. Vielleicht ist es auch schon zu spät.

Psychologie

‚Know-how' oder ‚Know-why'?

Armer Humboldt, armer Goethe, für die ich einst geschwärmt habe und die ich noch heute verehre. Doch ich bin traurig. Kann ihnen nicht mehr nachfolgen. Keiner kann es.

Wie habe ich die anderen früher verachtet, die mit Rezepten Mathematik zu lernen glaubten, die mit hunderten von Kärtchen in Dutzenden von Schuhkartons ihre Weisheit sammelten und Doktorarbeiten daraus schmiedeten und glaubten, mit Karteikarten voller fremdem Wissen akademische Bildung[36] zu erlangen.

„*Unmündigkeit* ist das Unvermögen, sich seines Verstandes ohne Leitung eines anderen zu bedienen.

Selbstverschuldet ist diese Unmündigkeit, wenn die Ursache derselben nicht am Mangel des Verstandes, sondern der Entschließung und des Mutes liegt, sich seiner ohne Leitung eines anderen zu bedienen. *Sapere aude!* ‚Habe Mut, dich deines eigenen Verstandes zu bedienen!' war der Wahlspruch der Aufklärung."[37]

---

[36] "Bildung ist das, was übrig bleibt, wenn man alles vergessen hat, was man gelernt hat." - *Werner Heisenberg, Schritte über Grenzen, Rede zur 100-Jahrfeier des Max-Gymnasiums, S.106, Piper 1973*
[37] Zitate von Immanuel Kant, zitiert nach Wikipedia.

Ich versuchte, Kants und Humboldts Ideen humanistischer Bildung zu folgen: Streben nach „Know-how" verachtete ich und erfand als Begriff und Ideal das „Know-why".

Wie habe ich mich als junger Vater gefreut, als meine fünfjährige Tochter, als ich sie bat, unsere französische Austauschschülerin mit den Worten „Bonjour Sylvie" zu begrüßen, statt die Laute sinnlos nachzuplappern, mich anschaute und fragte: „Was heißt das denn?".

Inzwischen bin ich weise geworden. Ich habe aufgegeben. Wer heute alles verstehen möchte, ist lebensuntüchtig. Vor allem im Beruf, aber auch im so genannten täglichen Leben.

Einen USB–Stick benutzt man einfach. Wo kämen wir hin, wenn wir erst ergründen würden, wie er funktioniert oder auch nur, was USB bedeutet[38]! Dafür haben wir Fachleute. Die werden das schon wissen. Aber wir selbst brauchen das nicht.

So weit so gut. Wir könnten nicht autofahren, keinen Kühlschrank bedienen, geschweige denn einen Computer, wenn wir erst die ganze Technik verstehen wollten, bevor wir sie uns zunutze machen.

---

[38] Hand aufs Herz: Wissen Sie es? USB, Abkürzung für Universal Serial Bus – was auch immer das bedeutet.

Die notwendige Oberflächlichkeit beschränkt sich nicht auf technische Dinge.

Die Medizin hat sich in phantastischer Weise entwickelt. Heilungen sind möglich geworden, von denen wir früher nur haben träumen können. Aber dadurch ist sie notgedrungen inzwischen eine so komplizierte Wissenschaft geworden, dass es dem Arzt unmöglich ist, immer zu verstehen, warum er welche Therapie in welchen Fällen anwenden muss[39]. Er ist darauf angewiesen, die Empfehlungen der medizinischen Fachdisziplinen zu kennen und ihnen zu folgen, auch wenn er sie nicht bis ins letzte verstehen kann. Täte er das nicht, wäre er ein schlechter Arzt.

Sogar Psychologen wären heute überfordert und vermutlich wenig erfolgreich, wenn sie bei jedem Klienten versuchten, sich in ihn hineinzudenken, um zu verstehen, was in ihm vorgeht, wie er sich fühlt, wodurch sein Leiden ausgelöst und früher einmal verursacht worden ist.

Durch noch so feines Einfühlungsvermögen allein kann er eine schwere Depression, nicht heilen. Wis-

---

[39] Beispiel: Ich plane eine Reise nach Südostasien, in ein Gebiet, in dem es Malaria gibt. Klar. Dass ein Mosquitonetz nachts empfehlenswert ist, liegt auf der Hand. Aber welches Malariamittel bei welchen Stämmen und damit in welchen Gegenden wirksam ist und warum, kann keiner verstehen. Nicht einmal der Tropenarzt. Er schaut im Computer nach, was wo anzuwenden ist und damit basta. Das Warum ist unwichtig. Die Wirkung zählt.

senschaftlich durchkonstruierte Tests dagegen ermöglichen relativ zuverlässig, schnell und einfach eine erfolgreiche Diagnose, um eine angemessene Therapie zu finden.

Auch er ist, will er erfolgreich sein, auf wissenschaftliches „Know-how" angewiesen statt auf die mühsame und zeitraubende und noch dazu fragwürdige Ergründung des „Know-why".

Und es kommt noch schlimmer:

Im Zuge der Globalisierung und damit verbunden der ungeheuren Ausweitung an Informationen und Wissen ist es uns nur noch in Ausnahmefällen möglich, ein eigenes Urteil zu bilden. Und, an diesen Sachverhalt gewöhnt, wird es zur Gewohnheit, dass wir uns Vorgedachtes zu eigen machen, statt selbstständig nachzudenken und selbst Dingen auf den Grund zu gehen.

Unsere neue Gesprächskultur wird mehr und mehr zum Austausch von angelesenem Wissen. Ein Spiel mit Karteikarten voller Zitaten aus Presse, Fernsehen und Bestsellern.

Nicht Denken, Nachplappern ist die Devise. Und wehe wenn man unbequeme Fragen stellt. Ein Banause, wer anders denkt.

Advocatus diaboli:

Ich habe gelernt, dass Denken und Verstehen nur einen kleinen aber sicher wichtigen Teil unserer Intelligenz ausmacht. Lange habe ich übersehen, dass das Gedächtnis gleichberechtigt daneben seinen Platz hat, ebenso wie die schwer definierbaren Fähigkeiten unseres Herzens und künstlerische Begabungen. Selbst geniale Fußballspieler haben ihre spezielle Form von Intelligenz, die sie vor anderen auszeichnet.

Hier daher nun doch eine kleine Lobrede auf den Zettelkasten als Denkform:

Die erste Erfahrung, die mich herabsteigen ließ vom hohen Ross des Mathematikers, war die wissenschaftliche Auseinandersetzung mit meinen betriebswirtschaftlichen Kollegen.

Auf eine schwierige Frage der Investitionstheorie bekam ich die folgende Antwort:

„John R. Hicks sieht es folgendermaßen ..., Erich Schneider so ..., John Maynard Keynes dagegen schrieb folgendes... und Karl Marx behauptet ..."

„Und was ist richtig?", fragte ich zurück.

„Ich hab Ihnen doch schon vier wichtige Theorien benannt. Aber wenn Sie noch mehr hören wollen: Joseph Schumpeter vertrat die Meinung ..."

In Seminare für Praktiker konnte dieser Kollege blitzschnell alle Fragen der Teilnehmer behandeln, indem er auf gute Lösungen hinwies, die er in Betrieben kennengelernt hatte. Vielleicht nicht immer die optimalen, aber gute, praktikable Wege. Die Teilnehmer waren begeistert und hatten etwas, womit sie etwas anfangen konnten. –

Zu Hause hätte ich vielleicht die optimale Lösung gefunden. Sie wäre möglicherweise unwesentlich besser gewesen. Wenn überhaupt.

Good bye Alexander, good bye, Immanuel, ich liebe Euch trotzdem und bleibe dabei:

„Bildung ist das, was übrig bleibt, wenn man alles vergessen hat, was man gelernt hat"[40]

---

[40] "Bildung ist das, was übrig bleibt, wenn man alles vergessen hat, was man gelernt hat." - *Werner Heisenberg, Schritte über Grenzen, Rede zur 100-Jahr-Feier des Max-Gymnasiums, S.106, Piper 1973*

Späte Gipfel

Beim alpinen Skilauf waren sie immer schon unumgänglich. Aber sonst hatte ich Seilbahnen verachtet. Zu teuer, zu vulgär. Nur Höhen, die man selbst erklimmen musste, waren für mich lohnend. Verachtung traf die Masse, die, zu faul, zu träge, zu bequem oder schlicht nicht fähig, sich kauften, was gewonnen werden wollte.

Nicht der Gipfel, der Berg in seiner Weite lockte mich. Schon aus der Ferne, wenn ich nach Wegen Ausschau hielt, wie ich mich ihm nähern könnte, durch sanfte Wiesen, entlang an Bächen, durch dunkle Wälder, bis sich Almen öffneten zur Rast, zum Freundschaft-Schließen mit der geliebten Welt des Berges. Und weiter dann, nach kurzer Ruhe, trieb es mich dem unbekannten Ziel entgegen. War der Gipfel dann zum Greifen nah, so fragte ich mich oft, was schöner sei, der Gipfel selbst oder der Anblick seiner fast bezwungenen Nähe.

Wenn dann dem freien Blick nichts mehr im Wege steht, das letzte Stück des Weges sichtbar vor mir liegt, der Berg sich öffnet für den letzten Anstieg, geneigt mich aufzunehmen, dann kann ich nicht mehr widerstehen, die letzten Schritte laufe ich hinauf, damit er sich dem Ansturm ganz und gar ergibt und mich belohnt, wenn ich am Ende atemlos nach seinem Gipfel greife, wenn mir die ganze Welt zu Füßen liegt, Blick und Gedanken staunend an sich zieht und nach einer wonnevollen Weile ungeahnte Ruhe Einzug hält.

So waren die Jugend und die Manneszeit gewesen. Das Auge ist nicht trüb geworden, und auch die Sehnsucht bleibt, aber die steilen Wege werden schwer, so dass die Seilbahn[41] mir in andrem Licht erscheint. Sie bringt mich gegen Geld dorthin, wo ich einst glücklich war, und manchmal höher noch hinaus. Wenn es mir dann gelingt, der hässlichen Station dort oben zu entfliehen, ein wenig ab vom breiten Weg ein schmaler Pfad mich an ein Fleckchen führt und eine Blumenwiese sich mir auftut, mir allein, und wenn ich auf ihr ruhe, die Augen schließe und die Welt vergesse um mich her, dann kann es sein, dass mich der Traum befällt, ich wäre einsam aufgestiegen und mir allein hätte der Gipfel sich ergeben. Ein wenig Jugend scheint zurückzukehren für einen Augenblick, und gern verweile ich in dieser Stimmung eine Weile. Danach, versöhnt mit mir und mit der Welt, schwebe ich talwärts, bemerke kaum die Enge der Kabine und die andren

---

[41] Stellvertretend ebenso für: Elektroboot statt Rudern, Restaurant statt Kochen, Handwerker statt selbst machen, CD statt Klavierspielen, ICE statt Auto ...

Menschen um mich her und kehre, leer und heiter, allmählich erst zurück in ihre Welt, um einen kleinen Lichtblick reicher.

Literarische Scheinwelt

Das Studium war nicht meine Lebensmitte, eher ein notwendiges Übel. Die gemeinsamen Stunden mit Studienkollegen und Sportfreunden im Tennisclub waren nett aber unverbindlich. Ebenso die wenigen weiblichen Bekanntschaften. Letztere freilich erheblich aufregender – in jeder Hinsicht.

Trotz all dieser Ablenkungen fühlte ich mich allein.

Eine innere Mitte besaß ich nicht. In einsamen Stunden las ich viel. Meine Beschäftigung mit schöngeistiger Literatur nahm mehr und mehr Züge einer Realitätsflucht an. Für Stunden oder Tage tauchte ich in eine andere, gelesene Welt ein, identifizierte mich mit Personen dieser Scheinwelt, war gefangen vom geistigen und seelischen Umfeld des Gelesenen, und es ging bisweilen so weit, dass ich, ohne es zu wollen, den Sprachstil und das Verhalten der Welt imitierend übernahm, in deren Bann ich gerade geraten war.

Eigentlich sehr schön. Doch keine Angst. Ich verlor mich nicht wie jener Ritter von der traurigen Gestalt in der Welt der Romane. Dafür war ich zu sehr vom Verstand geprägt. Je mehr ich las, desto deutlicher empfand ich den Fluchtcharakter meines Lesens, die Wirkung nahm ab und die Leere kehrte zurück, bereichert durch die Erfahrung, dass die verlockende Flucht in eine andere Welt nicht von Dauer sein kann und die Verstandespolizei mich immer wieder findet, wohin ich auch zu entfliehen versuche, und mich zurückführt in meine geistige Heimatlosigkeit.

Eine andere Folge der Beschäftigung mit Literatur ist bleibender: Die gelesenen Erlebnisse in der Scheinwelt vermischen sich mit den Erfahrungen des wirklich Gelebten. Im Unterbewusstsein verwischen sich die Grenzen zwischen Erlebtem und Gelesenem oder in Theater, Fernsehen und Kino Gesehenem. In diesen Scheinwelten begegne ich Menschen, denen ich sonst nicht begegnet wäre, lerne Anschauungen und Erlebensweisen kennen, die ich im wirklichen Leben nie erfahren hätte. Und indem ich mich mit dem Erleben von Romangestalten bewusst oder unbewusst identifiziere, erweitern sich mein Empfindungsbereich und mein Erlebenshorizont wie durch wirkliche Begegnungen mit Personen.

Das Verständnis für Menschen in anderen sozialen, kulturellen, familiären Verhältnissen oder mit anderem Bildungshintergrund wird auf ein Niveau gehoben, das durch Beschränkung auf eigene Erlebnisse nie hätte erreicht werden können.

Und das nicht nur kognitiv wie in Sachbüchern, sondern verankert wie durch eigenes Erleben.

Ich mache mir – ohne es zu wollen – die Erfahrungswelt derjenigen zu eigen, die ihre Sicht der Welt den Personen ihrer Theaterstücke, Filme, Romane, Novellen oder Erzählungen eingegeben haben.

So erfahren die eher bescheidenen eigenen Lebenserfahrungen ihre Erweiterung durch bislang unbekannte, in der Scheinwelt der Literatur gewonnene Bereicherung. Sie dringen ins Unterbewusstsein und in der Folge dann auch wieder ins bewusste eigene Leben und bilden die Persönlichkeit weiter, prägen beispielsweise die vermeintliche Menschenkenntnis, indem gelesene oder im Film erlebte Begegnungen wie eigene reale Erlebnisse und Erfahrungen gespeichert werden: Die Gefahr fremd gesteuerter Persönlichkeitserweiterung liegt auf der Hand.

Kunst und Kitsch

Wir sehen den Film ‚Der Engel, der seine Harfe versetzte'.

„Ganz schön kitschig", ist ihr Kommentar, als wir aus dem Kino kommen.

„Wieso Kitsch?", frage ich.

Sie ist Studentin der Literaturwissenschaften. Höheres Semester. Und sie erklärt mir, dass in der Kunst Form und Inhalt übereinstimmen müssen.

„Das geht nicht", erwidere ich, „Form und Inhalt können nicht übereinstimmen, es sind inkommensurable[42] Begriffe".

„Gut, sie müssen halt zueinander passen."

„Und wer entscheidet das? Gibt es da Regeln? Definitionen?"

„Sag ich doch: Übereinstimmung von Form und Inhalt."

„Und was, bitteschön, stimmt in der Form beim ‚Engel, der seine Harfe versetzte' nicht mit dem Inhalt überein?", versuche ich die Unterhaltung in ihrer Terminologie fortzusetzen.

Keine Antwort. Schade. Wir reden aneinander vorbei.

---

[42] Inkommensurabel: nicht in gleichem Maß messbar.

Aber was ist denn nun eigentlich Kitsch, was Kunst? Gibt es eindeutige Kriterien? Gibt es eine Grenze zwischen Kitsch und Kunst? Gibt es Grenzgebiete? Oder ist das ganze Problem eine linguistische Frage? Zu Hause mache ich mich schlau:

„Die Bezeichnung *Kitsch* steht zumeist abwertend gemeinsprachlich für einen aus Sicht des Betrachters minderwertigen, sehnsuchtartigen Gefühlsausdruck. In Gegensatz gebracht zu einer künstlerischen Bemühung um das Wahre oder das Schöne, werten Kritiker einen zu einfachen Weg, Gefühle auszudrücken, als sentimental, trivial oder kitschig."[43]

Das wusste ich auch vorher. Hätte es nur nicht so verschroben ausgedrückt. Hochtrabendes geisteswissenschaftliches Gequatsche. Hilft nicht viel weiter.

Eines ist klar: Kitsch ist ein abwertender Begriff. Kunst das Gegenteil.

Mit dem Argument „Das ist mir zu kitschig" wird der Gesprächspartner mundtot gemacht. Niemand will etwas gut finden, das ein anderer als Kitsch bezeichnet. Man würde sich schämen, es zuzugeben, horcht in sich hinein, fürchtet, dass man selbst zu naiv, zu primitiv ist, fühlt sich in seiner Empfindung

---

[43] Zitiert nach Wikipedia, dort ohne Angabe des Autors.

von der Keule des Kitschvorwurfs erschlagen, zumindest entlarvt.

Etwas weiter bringt uns Umberto Eco:

„Die Definition von Kitsch ist unauflöslich an die Definition von Kunst gebunden. Je undeutlicher der
Begriff von Kunst, desto unfassbarer der Kitsch,
denn es ist schwer bestreitbar, wie etwa Umberto
Eco einwirft, dass die der Kunst zugeschriebenen
Wirkungen – wie Anstöße zum Denken, Erschütterung, Emotionen – ebenso von Kitsch ausgehen
können[44].“

Schon besser. Aber keine Abgrenzung. Im Gegenteil.

Einfacher als die Abgrenzung der Kunst vom Kitsch
scheint mir der Unterschied von Kunst und Sachtext
oder – allgemein – von einer Sachinformation:
Während sachliche Information sich eines rationa-
len Codes[45] bedient, teilt ein Kunstwerk seine eigentliche künstlerische Botschaft – zumindest
überwiegend – durch einen irrationalen, also nicht
vom Verstand erfassbaren Code mit.

Die Abgrenzung vom Sachtext unter Hinweis auf die
unterschiedlichen Codes ist natürlich keine Definition des Begriffs Kunst. Ein Angstschrei ist gewiss kei-

---

[44] Quelle: Wikipedia
[45] Der Begriff Code ist keineswegs beschränkt auf Geheimcodes wie sie in der
Spionage verwendet werden. Er stellt vielmehr ganz allgemein das Medium
dar, mit dem eine Botschaft übermittelt wird. Jede Sprache beispielsweise ist
ein Code.

ne rationale Mitteilung. Ebenso wenig wie ein im Jähzorn hervorgebrachter Fluch. Aber deshalb handelt es sich natürlich nicht etwa um künstlerische Mitteilungen. – Im Regelfall, muss ich einschränkend sagen, denn vielleicht hat Johann Wolfgang ja bisweilen bewundernswert kunstvoll geflucht.

Aber dasjenige, das ein Kunstwerk ausmacht, ist rational nicht beschreibbar.

Wie sollte rational mitgeteilt werden, was die – offiziell als Kunstwerk heiliggesprochene – Toccata und Fuge in D–Moll von Bach oder die Fünfte von Beethoven ausdrücken?

Neunmalkluge würden die vollendete Fugenkonstruktion, die meisterhafte Berücksichtigung von Prinzipien der Harmonielehre oder das rhythmische Gefüge nennen – sicherlich vollendet eingesetzte Kompositionselemente. Alles Prinzipien, deren perfekte Beherrschung zweifellos bewundernswert ist und den Wert des Werkes heben. Aber sie treffen nicht die künstlerische Wirkung, die unter Verwendung dieser Mittel erzeugt wird.

Oder man nehme die berühmte Mona Lisa oder Ölgemälde von Dalí, oder, vielleicht am eindrucksvollsten verkitscht, das Portrait, das Carl Joseph Begas 1828 von seiner Frau Wilhelmine malte[46]. Perfekte Pinselführung oder die fotografische Genauigkeit sind gewiss bewundernswert, sind aber keineswegs das, was sie zu Kunstwerken machen.

Eine Bemerkung bei dieser Gelegenheit zum berühmten goldenen Schnitt: Offenbar eine geometrische Regel, die erfahrungsgemäß beim Betrachter ein gewisses Harmoniegefühl (oder was?) hervorruft. Aber eben nur eine Regel. Noch dazu eine, die sich in einfachen Zahlenverhältnissen mitteilen lässt.

Die Anführung all dieser Elemente geht am eigentlich künstlerischen Inhalt der Kunstwerke vorbei, indem sie auf Elemente des Codes hinweist statt auf das, was mittels dieses Codes übertragen werden soll und rein rational nicht erfasst werden kann.

Die besondere Wirkung eines Kunstwerks wiederzugeben scheint mir ein ähnlich aussichtsloses Unterfangen wie die Beschreibung von Farben, Gerüchen und Geschmack[47].

Es ist schon erstaunlich: Wir sind nicht imstande, unsere elementarsten Sinnesempfindungen zu beschreiben. Oder können Sie, lieber Leser, den Duft

---

[46] Das Bild warb 1995 geradezu provozierend als Plakatwerbung für die Gemäldeausstellung "Als die Frauen noch sanft und engelsgleich waren - Die Sicht der Frau in der Zeit der Aufklärung und des Biedermeier" im Westfälischen Landesmuseum für Kunst und Kulturgeschichte.

[47] Vielleicht rührt daher auch die Bezeichnung „das ist eine Geschmacksfrage".

von Maiglöckchen, den Geschmack „süß" oder die Farbe „rot" in Worte fassen?

Natürlich können physikalisch durch Angabe eines Frequenzbereichs Farben, etwa „grün"[48], präzise beschrieben werden. Damit ist aber nichts über die Sinnesempfindung unserer Wahrnehmung der Farbe Grün[49] gesagt. Wirklich: überhaupt nichts.

Aber ob sie durch Goethes Farbenlehre präziser ausgedrückt wird oder gar durch esoterisches Gestammel über Empfindungen und vermeintliche

---

[48] Grün ist der Farbreiz, der wahrgenommen wird, wenn Licht mit einer spektralen Verteilung ins Auge fällt, bei der fast nur Wellenlängen zwischen 520 und 565 nm vorkommen. Licht mit dieser Eigenschaft kann auch als Körperfarbe remittiert sein. Quelle: Wikipedia
Mischfarben könnten durch eine Spektralanalyse (Ermittlung der vorkommenden Wellenlängen) physikalisch charakterisiert werden.

[49] Es ist im Übrigen anzunehmen, dass die Sinnesempfindung bei Wahrnehmung von Farben keineswegs bei allen gleich ist. Stichwort Farbenblindheit. Der Autor dieses Textes gilt zum Beispiel als Rot-Grün-blind. Nicht völlig, aber immerhin. Er darf deshalb auf See kein Segelboot führen. Dennoch kann er Farben deutlich unterscheiden. Auch Rot und Grün sind für ihn leuchtende Farben. Nur eben nimmt er sie anders wahr als die Mehrheit der Menschen. Zugegeben, als kleine Farbpunkte fallen sie ihm kaum auf. Die Blüten in einem Strauch mit dunkelroten Rosen auf dunkelgrünem Blattwerk erkennt er erst in der Nähe. Aber dann in sehr deutlichem Farbkontrast.
Als Hobby betreibt er Bildbearbeitung, indem er seiner Phantasie freien Lauf lässt und Fotos mit einschlägiger Software bearbeitet. Auch farblich. Oft sind die dargestellten Landschaften oder Personen seiner Portraits dann kaum mehr wiederzuerkennen. Die Ergebnisse sind nicht jedermanns Sache. Aber selten wird ihm vorgeworfen, unpassende Farben gewählt zu haben. Es ist zu vermuten, dass seine sinnliche Farbwahrnehmung sich von der anderer Menschen erheblich unterscheidet. Aber aufgrund seiner Erfahrungen – Grün/Natur, Rot/Blut, Blau/Meer und Himmel - erzeugen sie bei ihm dennoch ähnliche Gemütsregungen wie bei nicht fehlsichtigen Menschen. Es ist daher gut möglich, dass auch seine Farbkombinationen in den verfremdeten Bildern auf andere ähnlich wirken wie auf ihn selbst.

Wirkungen der Farbe Grün[50] – ganz zu schweigen von der Analyse ihrer politischen Bedeutung – sei dahingestellt.

Zurück zu der Frage, worin sich Kunst und Kitsch unterscheiden und wie sie folglich voneinander abgegrenzt werden können.
Beschränken wir uns zunächst auf literarische Werke.
Die beschriebene Abgrenzung vom Sachtext gilt für Kunst und Kitsch gleichermaßen. Beide teilen ihre Botschaft – zumindest überwiegend – durch einen irrationalen, also nicht rational erfassbaren Code mit.
Gleiches gilt für andere Bereiche der Kunst wie Malerei, Architektur und Musik.
Der Unterschied von Kunst und Kitsch liegt nicht so sehr in den Inhalten, die ausgedrückt werden sollen,

---

[50] Die Farbe Grün: Grün ist die Farbe der Mitte. In seiner vollendeten Neutralität zwischen allen Extremen, wirkt es beruhigend, ohne zu ermüden. Die Farbe Grün fördert Eigenschaften wie Hilfsbereitschaft, Ausdauer, Toleranz und Zufriedenheit. In der medizinischen Farbtherapie, gilt Grün als Farbe, die den Rhythmus von Herz und Nieren ausbalanciert. Auch bei Magengeschwüren, Allergien, Augenermüdung sowie bei Anzeichen vorzeitigen Alterns, wird Grün eingesetzt. Die Farbe Grün dient als neutrale Heilfarbe, die keinerlei körperliche Beschwerden oder Gegenreaktionen hervorruft. Sie lässt Kräfte sammeln und bringt Regeneration. Grün vermittelt Augenruhe, denn der Blick ins Grüne ist niemals anstrengend, sondern stärkt das Auge für alle anderen Eindrücke. (Quelle: www.innovative-eyewear.de)

als in der Art, wie diese Inhalte vermittelt werden, also in der Art des gewählten irrationalen Codes. So kann etwa die Verfilmung von „Effi Briest" – wie geschehen – bei weitgehend gleicher Handlung und menschlicher Problematik einmal zu einem großen Kunstwerk und einmal zu plumpem Kitsch geraten[51].

---

[51] Von den ersten Jahren des Tonfilms bis heute ist Fontanes Erfolgsroman fünfmal verfilmt worden:

Der Schritt vom Wege, Deutschland 1939, 97 Minuten
Regie: Gustaf Gründgens
Darsteller: Marianne Hoppe (Effi), Karl Ludwig Diehl (Innstetten), Paul Hartmann (Crampas), Paul Bildt (Briest), Käthe Haack (Frau von Briest), Max Gülstorff (Gieshübler), Hans Leibelt (Wüllersdorf), Elisabeth Flickenschildt (Tripelli), Renée Stobrawa (Roswitha)

Rosen im Herbst, BRD 1955, 103 Minuten
Regie: Rudolf Jugert
Darsteller: Ruth Leuwerik (Effi), Bernhard Wicki (Innstetten), Carl Raddatz (Crampas), Paul Hartmann (Briest), Lil Dagover (Frau von Briest), Günther Lüders (Gieshübler), Hans Cossy (Wüllersdorf), Lola Müthel (Tripelli), Lotte Brackebusch (Roswitha), Margot Trooger (Johanna)

Effi Briest, DDR 1968, 120 Minuten
Regie: Wolfgang Luderer
Darsteller: Angelica Domröse (Effi), Horst Schulze (Innstetten), Dietrich Körner (Crampas), Gerhard Bienert (Briest), Inge Keller (Frau von Briest), Walter Lendrich (Gieshübler), Adolf Peter Hoffmann (Wüllersdorf), Marianne Wünscher (Tripelli), Lissy Tempelhof (Roswitha), Krista Siegrid Lau (Johanna), Lisa Macheiner (Ministerin)

Fontane Effi Briest, BRD 1974, 140 Minuten
Regie: Rainer Werner Fassbinder
Darsteller: Hanna Schygulla (Effi), Wolfgang Schenck (Innstetten), Ulli Lommel (Crampas), Herbert Steinmetz (Briest), Lilo Pempeit (Frau von Briest), Hark Bohm (Gieshübler), Karlheinz Böhm (Wüllersdorf), Barbara Valentin (Tripelli), Ursula Strätz (Roswitha), Irm Hermann (Johanna)

Effi Briest, Deutschland 2009, 117 Minuten
Regie: Hermine Huntgeburth
Darsteller: Julia Jentsch (Effi), Sebastian Koch (Innstetten), Mišel Matičević (Crampas), Juliane Köhler (Frau von Briest), Thomas Thieme (Briest), Barbara Auer (Johanna), Margarita Broich (Roswitha), Rüdiger Vogler (Gieshübler)

Nun die Gretchenfrage: Wann ist es Kitsch, wann Kunst?

Die Einordnung ein und desselben Objekts als Kunstwert oder Kitsch sehen selbst Fachleute oft verschieden, die als qualifizierte Kunstkritiker ausgewiesenen sind[52].

Die Grenze kann demnach nicht objektiv sondern nur subjektiv gesehen werden. Alter, Bildung, Veranlagung und Geschlecht (um nur einige zu nennen) bestimmen mit, ob ein Code positiv angenommen wird oder nicht.

Bleiben wir bei Fontanes herziger Effi. Ein Jugendlicher nimmt den Roman anders auf als jemand, der mitten im Leben steht und wieder anders als ein alter Mensch.

Was ein Mädchen zu Tränen rührt, kann für einen pubertierenden Jungen schlimmer Kitsch sein. Was für einen mitten im Leben stehenden Erfolgsmenschen abartig scheint, kann denselben Menschen vielleicht im Alter berühren. Eine emanzipierte Frau – genauer: eine sich für emanzipiert haltende Frau – hat als Regisseurin des Romans „Effi Briest" im Gegensatz zu ihren Vorgängern (und zum feinfühligen

---

Quelle: Wikipedia

[52] Man denke etwa an die kontroversen Beurteilungen durch „Das Literarische Quartett"!

Autor Fontane) das Bedürfnis, den Roman zu entseelen, einen drastischen gefühllosen Geschlechtsakt einzubauen und die gesellschaftliche Akzeptanz am Ende in ihr Gegenteil zu verkehren.

Und die Lösung? Allgemeingültige, eindeutige Kriterien zur Beurteilung, ob Kitsch oder Kunst, gibt es wohl nicht. Es existiert kein Trennungsgang wie bei chemischen Analysen.
Die wohl plausibelste Definition von Kitsch stammt vielleicht (ungewollt) von Goethe:
„Man merkt die Absicht und ist verstimmt"[53]

Wie fließend und subjektiv die Grenze ist, lässt sich durch viele Beispiele (nicht nur die arme Effi) belegen:

Beispiele in der Musik:
Operetten wie „Im weißen Rössl" oder das Musical „Feuerwerk"[54] oder das berühmte Gounod'sche

---

[53] *„Man merkt die Absicht, und ist verstimmt"* ist die leicht abgewandelte Form einer Äußerung Tassos in Goethes Drama Torquato Tasso, mit der er sein Missfallen an dem Verhalten der Leonore Sanvitale ausdrückt:
... und wenn sie auch
Die Absicht hat, den Freunden wohl zu tun,
So fühlt man Absicht, und man ist verstimmt.
Quelle: Wikipedia

[54] Aus dem Musical 'Feuerwerk' von Paul Burkhard stammt beispielsweise das Lied „Oh mein Papa"

,Ave Maria'[55], das durch Beerdigungen überstrapazierte ,Largo' aus Händels Oper ,Xerxes', Puccinis ,La Bohème'. Sogar so anerkannte Kunstwerke wie die Mondscheinsonate, Bruchs berühmtes zweites Violinkonzert und der Schlusschor aus Beethovens Neunter Symphonie haben für manch einen Hörer einen einschlägigen Makel.

Beispiele in der Literatur:
Neben dem nach meinem Geschmack zu Unrecht als durch und durch kitschig verpönten Ganghofer oder John Knittels Familientragödie ,Via Mala' und der armen ,Effi Briest' stehen auch so renommierte Werke der Weltliteratur im Verdacht wie Goethes ,Die Leiden des jungen Werter'[56], ja sogar Lessings ,Nathan der Weise'. Ganz zu schweigen von Goethes ,Tasso', Lessings ,Emilia Galotti' und Schillers ,Kabale und Liebe', die wir als Gymnasiasten bereits als „Schmarren" abgelehnt haben – und als alte Menschen heute vielleicht eher schätzen können.

---

[55] Eine der berühmtesten Vertonungen stammt von Charles Gounod, der das erste Präludium (C-Dur) aus dem Wohltemperierten Klavier von Johann Sebastian Bach übernahm und darüber seine Ave-Maria-Melodie legte (unter Einschub von mehreren zusätzlichen Takten), weshalb das Werk als „Ave Maria von Bach/Gounod" in die Musikgeschichte einging.
Quelle: Wikipedia
[56] Richard David Precht über Goethes Werther : "Werther halte ich für einen unglaublichen Kitsch, diese verlogene Sozialromantik, diese ausgestorbene Thematik... Quelle: Wikipedia, dort als Zitat aus dem ,stern' ausgedruckt.

Hier weitere bekannte Beispiele im Zwielicht:

Beispiele aus der Architektur:
Barockbauten wie die Klosterkirche Birnau, ja ganze Epochen wie der Jugendstil und selbst Gaudís Kathedrale ‚Sagrada Familia' in Barcelona werden oft als Kitsch bezeichnet.

Beispiele aus der Malerei:
Vieles vom Jugendstil, aber auch Klassiker wie ‚ *Das Mädchen mit dem Perlenohrgehänge* von Jan Vermeers', und eigentlich auch die berühmte ‚Mona Lisa'.
Die Reihe ließe sich beliebig umfangreich fortsetzen.

Zum Abschluss hier die sicher nicht ganz falsche aber auch ebenso sicher ein wenig einseitige Definition eines Psychologen[57], der sagte:
„Ein Kunstwerk, das Mittel verwendet, die wir in unserer individuellen menschlichen Entwicklung hinter uns gelassen haben, empfinden wir als Kitsch[58]".

---

[57] Zitiert nach der Doktorarbeit von Hans Wiedling
[58] Damit wäre der Kitsch auch Kunst. Sozusagen als Teilmenge. Gewagt, aber in Anbetracht der allgemeinen Schwammigkeiten der diesbezüglichen Definitionsversuche wohl eine gar nicht so abwegige Sicht. Vgl. die oben zitierte Bemerkung von Umberto Eco , dass die der Kunst zugeschriebenen Wirkungen

Wissen als Hilfe und Hindernis

„Wer ist hier der Banause?" oder
„Man erblickt nur, was man schon weiß und versteht."

Ich gehe gern unvorbereitet ins Theater, in ein Konzert, in eine Ausstellung oder durch ein Schloss. Unvoreingenommen lasse ich auf mich wirken, was ich wahrnehme, und genieße die Eindrücke.
Andere sehen das anders. Vor Reisen studieren sie Reiseführer, wissen, welcher Herrscher in welchem Jahrhundert aus welchem Anlass das Schloss gebaut hat. Vor Theaterbesuchen haben sie sich vorbereitet. Vorabkritiken gelesen. Wissen bereits, was das Stück, ja, selbst, was das Bühnenbild aussagen soll. Hören sie ein Sonatenkonzert, haben sie sich über die im Wettstreit liegenden musikalischen Themen informiert, verfolgen den strengen Aufbau in Thema 1, Thema 2, Durchführung, Coda und wer weiß nicht was, und all das nehmen sie dann im Gegensatz zu mir auch wahr, wenn sie im Konzertsaal die Musik hören.
Auf Reisen haben sie sich über geschichtliche Hintergründe der bereisten Region, über Klima, Fauna

---

– wie Anstöße zum Denken, Erschütterung, Emotionen – ebenso von Kitsch ausgehen können.

und Flora informiert und können mir sagen, unter welcher Herrschaft die Stadt entstanden ist, in welchem Stil die Kathedrale erbaut wurde, wann die Altstadt abgebrannt und in neuem Stil wieder aufgebaut worden ist und dass die alte Apotheke besonders sehenswert ist, da der Barockkünstler Bocallena sie entworfen und Pintorico sie in eines seiner Bilder eingebaut hat.

„Man sieht nur, was man weiß[59]", sagen sie, berufen sich auf Goethe und fahren fort: „Ich möchte halt möglichst viel sehen (und hören)."

---

[59]Originalquelle laut ‚*Man erblickt nur, was man schon weiß und versteht'* www.zeno.org/Literatur/M/Goethe,+Johann+Wolfgang/Gespräche: 1819, 24. April. Gesellschaft bei Goethe:
Heute war große Abendgesellschaft bei Goethe, die Gräfin Henckel, Line (v. Egloffstein), Adele (Schopenhauer), Coudray und Tieck waren anwesend. Goethe sprach über die Eigenthümlichkeit der deutschen Sprüchwörter bei den verschiedenen Nationen; die griechischen[8] gingen alle aus unmittelbarster, speciellster Anschauung hervor, z.B. der Storch im Hanfe; die deutschen seien stets derb, tüchtig, sittlich, bezeichnend.
Dann sprach er über die Kunst zu sehen. »*Man erblickt nur, was man schon weiß und versteht.* Oft sieht man lange Jahre nicht, was reifere Kenntniß und Bildung an dem täglich vor uns liegenden Gegenstande erst gewähren läßt. Nur eine papierne Scheidewand trennt uns öfters von unsern wichtigsten Zielen, wir dürften sie keck einstoßen und es wäre geschehen. Die Erziehung ist nichts anders als die Kunst zu lehren, wie man über eingebildete oder doch leicht besiegbare Schwierigkeiten hinauskommt.«[9]

Übliche (platte) Deutung:
„Das berühmte Goethe Zitat: „Man sieht nur, was man weiß.", ist nicht nur leere Formulierung, sondern für viele Bereiche des Lebens anwendbar. Es beschreibt die Tatsache, dass uns nur Dinge auffallen können, über die wir Hintergrundwissen besitzen. Doch was bedeutet diese Erkenntnis für das eigene Leben?"
Quelle: Aus einem Aufsatz von ‚Artur & Michael', zitiert nach Wikipedia.

Als Begleiterin ist eine solche Person natürlich sehr praktisch. Habe ich Fragen nach einem Konzert oder Theaterstück, klärt sie mich auf. Nicht selten belehrt sie mich dann über Dinge, die mir überhaupt nicht aufgefallen sind.

Dennoch. Selbst den Audioguide benutze ich selten. Ich mag nicht vor einem herrlichen Gemälde stehen und mir vorschreiben lassen, was ich zu sehen und zu empfinden habe. Die Einführung in ein Bühnenstück besuche ich nicht. Lieber gehe ich unvoreingenommen in das Stück und lasse es auf mich wirken.

Ein gutes Schauspiel sollte genau das zeigen, was es aussagen will. Sonst ist es einfach schlecht. Und ein gutes Gemälde spricht zu mir, auch ohne dass ich erfahre, wie schwierig es damals war, an genau die Farben zu kommen, die der Künstler verwendet hat.

Es interessiert mich nur wenig, wie aufwendig die Technik ist, um bestimmte Beleuchtungseffekte in dem Kuppelsaal eines Schlosses oder im Altarraum einer Kirche zu erzielen[60].

Ich weiß, ich bin ein Banause, wenn ich mit einer solchen Einstellung an Kunstwerke herangehe. Vie-

---

[60] Physikalisch sicherlich interessant. Für die künstlerische Aufnahme der Effekte aber eher störend: Ich laufe Gefahr, am Ende nur noch die Meisterung technischer Probleme wahrzunehmen, statt mich der Wirkung der Lichteffekte hinzugeben.

les entgeht mir. Aber nur nachzuvollziehen, was gelehrte Kunstkritiker an Klugem zu sagen verstehen, widerstrebt mir. Ich möchte Kunst nicht mit dem Verstand sondern mit der Seele genießen.

Zugegeben, ich übertreibe. – Wissend und absichtlich.

Man nehme nur die Oper. Da die gesungenen Texte meist nicht zu verstehen sind, und schon gar nicht, wenn sie italienisch oder in einer anderen fremden Sprache gesungen werden, lese ich vorher den (meist haarsträubenden) Inhalt. Aber auch da: Kluge Vorab–Kommentare über die Musik ignoriere ich.

Ich weiß. Ich bin ein Banause. Das Gesagte zeugt von plumper Ignoranz. Ich gebe zu: Natürlich ist ein erfüllender Kunstgenuss nur möglich, wenn die nötige Vorbildung vorhanden ist. Erkenne ich die verwendeten Symbole in einem Gemälde nicht oder begreife ich Anspielungen und Metaphern und Ironie eines Textes nicht, so kann das Werk nicht seine eigentliche Wirkung in mir entfalten.

Innere Vorbereitung ist also doch nötig, um Zugang zu Kunstwerken zu ermöglichen. Der Boden muss bereitet sein, um seine Wirkung zu erzielen. Aber eben nur der Boden. Nicht die fertigen Früchte. Die müssen in mir selbst gedeihen.

Meine Polemik richtet sich daher gegen jene neunmalklugen selbst ernannte Kunstkenner, die in der

Tat nur das suchen und finden wollen, was ihnen aufgetragen wurde, wiederzufinden und zu bewundern. Hinterher präsentieren sie begeistert als eigene Entdeckung, was sie sich angelesen und dann in der Ausstellung, im Theater oder Konzertsaal bestätigt gefunden haben.

Doch „grau, ach, ist alle Theorie"[61]. Auch und gerade in der Kunst. Und manchmal ist es schwer, durch den Grauschleier hindurch noch einen Zipfel von der Fülle ihrer Buntheit zu erhaschen.

---

[61] „Grau, teurer Freund, ist alle Theorie, und grün des Lebens goldner Baum." Mit diesen Worten weist Mephisto im 1. Teil von Goethes Faust im 2. Teil der Studierzimmerszene den Schüler auf die Unzulänglichkeit eines nur theoretischen Wissens hin.

Und auch das passt (nicht nur) hier hinein:

"La educación consiste en enseñar a los hombres, no lo que deben pensar, sino a pensar"

Erziehung besteht nicht darin,
den Menschen beizubringen,
was sie denken müssen, sondern
dass sie denken müssen.[62]

---

[62] Gerahmter Spruch, entdeckt und gekauft auf dem Hippie-Markt in Los Lla-
nos, Insel La Palma, 2017

In der ‚Bordesholmer Edition' vom selben Autor erschienen:

Bd. 4: Krimidinner
Kriminalroman
ISBN 978–3848–21971–1   260 Seiten   Preis 14,90€

Bd. 8: Doppelbilder – Vier Paare, acht Geschichten
und ein Gastspiel
9 Erzählungen
ISBN 978–3842–34211–8   136 Seiten   Preis 8,90€

Bd. 11: Rezepte für die faule Hausfrau
Kleines Kochbüchlein ohne Anspruch auf Michelinsterne
ISBN 978–3732–28628–7   52 Seiten   Preis 4,50€

Bd. 12: Letztes Jahr
Satirischer Endzeitroman
ISBN 978–3–7322–8940–0   156 Seiten   Preis 9,90€

Bd. 15: Odile
Erzählung
ISBN 978–3–7357–1940–9   84 Seiten   Preis 7,90€

Bd. 16: Klosterbrut
Gesellschaftspolitischer Zukunftsroman
ISBN 978–3–8370–8979–0   208 Seiten   Preis 10,90€

Bd. 20: Vier Männer
Tragikomisches Bühnenstück
ISBN 978–3–7392–2747–4   78 Seiten   Preis 5,90€

Bordesholmer Edition
Eine Reihe für Autoren von Bordesholm und Umgebung
Herausgeber: J. Baasch und H. Wiedling
Bordesholmer.edition@yahoo.de

© 2017
Herstellung und Verlag: BoD – Books on Demand, Nor-
derstedt.
ISBN: 9783744899345